ONE TEAM 경영

ONE TEAM 경영
각자의 전문성, 하나의 전략

초판 1쇄 발행 2025년 9월 12일

지은이 정현경, 이정수, 차재영
펴낸이 장길수
펴낸곳 지식과감성#
출판등록 제2012-000081호

교정 주경민
디자인 정윤솔
편집 정윤솔
검수 김지원, 이현
마케팅 김윤길

주소 서울시 금천구 벚꽃로298 대륭포스트타워6차 1212호
전화 070-4651-3730~4
팩스 070-4325-7006
이메일 ksbookup@naver.com
홈페이지 www.knsbookup.com

ISBN 979-11-392-2801-4(03320)
값 16,700원

• 이 책의 판권은 지은이에게 있습니다.
• 이 책 내용의 전부 또는 일부를 재사용하려면 반드시 지은이의 서면 동의를 받아야 합니다.
• 잘못된 책은 구입하신 곳에서 바꾸어 드립니다.

지식과감성#
홈페이지 바로가기

ONE TEAM 경영

각자의 **전문성**, 하나의 **전략**

정현경 이정수 차재영 지음

목차

서문   7

1장   *왜 지금 ONE TEAM인가?*

1. 변화의 소용돌이: 혼자서는 돌파할 수 없다   17
2. 기업가의 고립: 전략과 실행 사이의 단절   24
3. 전문가 네트워크: 연결이 경쟁력이다   36

2장   *ONE TEAM을 이루는 전문가들*

1. '통합 조율자' 경영지도사   49
2. '전략의 방어선' 세무사   52
3. '전략의 흐름을 설계하는 분석가' 회계사(CPA)   55
4. '조직문화와 전략의 가교' 노무사   59
5. '법적 브레인' 변호사   62
6. '권리 설계자' 변리사   65
7. '인생 설계의 조력자' 국제공인재무설계사(CFP)   67

3장 ONE TEAM은 어떻게 작동하는가

1. ONE TEAM의 철학: 통합적 사고와 실행 중심   75
2. 순차적 해석의 구조: 팀 구성과 역할 분담   81
3. 커뮤니케이션과 운영 시스템   86
4. 실무협업의 단계별 프로세스   95
5. 기업 성장을 위한 전략적 로드맵   104

4장 ONE TEAM이 만든 변화: 실전 사례

1. 노무 리스크 해소: 분쟁 예방과 인사 혁신   117
2. 세무 전략 개선: 비용 절감과 투자 유치   121
3. IP 전략과 자문: 브랜드 가치 상승   124
4. 안정적 가업승계: 은퇴 후 지속 가능한 구조   127
5. 자산 흐름 재설계: 대표의 '삶과 기업의 균형'   130

5장 협업의 갈등과 극복

1. 갈등은 왜 발생하는가?   137
2. 연결되지 않은 협업의 위험성   149
3. 갈등을 넘어 성과로: 지속 가능한 협업의 조건   161

6장 ONE TEAM 전문가가 되기 위한 제언

1. '혼자 잘하기'에서 '함께 잘하기'로   171
2. 개인 전문성의 확장: ONE TEAM 안에서 성장   179
3. 전략 파트너십: 기업과 전문가의 동반 성장   184
4. 협업 파트너를 찾는 법   190
5. 전문가를 위한 '미래 전략' ONE TEAM   194

책을 마치며   202

서문

누구나 한 번쯤은 "혼자 꾸는 꿈은 그저 꿈일 뿐이지만, 함께 꾸는 꿈은 현실이 된다."라는 말을 들어 보았을 것입니다. 하지만 창업의 길에 들어선 순간 '혼자의 항해'처럼, 이 말이 절실하게 현실 앞에 와닿는지 실감하게 됩니다.

오늘은 세무 신고 마감일인지 확인하고, 내일은 인건비 지급을 위해 자금흐름도 점검하며, 다음 주에는 어떤 플랫폼에 상품을 먼저 올릴지 전략을 세워야 합니다. 하루하루가 선택의 연속이고 수십 번씩 쏟아지는 결정들 속에서 창업자는 마치 여러 개의 악보를 동시에 읽는 지휘자처럼, 끊임없이 상황을 조율하고 균형을 맞춰야 합니다. 이 모든 일은 결코 평온한 바다 위에서 이뤄지지 않습니다. 고물가, 고금리, 환율 불안정, 기후 위기, 지정학적 리스크 같은 외부 충격이 끊임없이 몰아치고 있습니다. 창업자는 아이디어를 실현하는 것에 머물지 않고, 리스크 관리와 전략을 설계하며, 사람과 정보를 연결하는 융합적 존재로 진화해야 합니다.

아무리 유능한 창업자라 하더라도, 모든 것을 혼자 감당하는 전략은 오래가지 못합니다. 현실은 생각보다 훨씬 복잡하고 빠르게 변화하며, 문제는 결코 단일한 분야 안에서만 발생하지 않기 때문입니다.

하나의 이슈가 세무, 노무, 법무, 회계, 지식재산 등 여러 영역과 얽혀 나타나는 경우가 대부분이고, 이 복잡한 흐름을 창업자 혼자 읽어 내기란 불가능에 가깝습니다.

창업자들 대부분은 각 분야 전문가에게 외주를 맡기는 방식을 선택합니다. 세무는 세무사에게, 노무는 노무사에게, 법무는 변호사에게, 특허는 변리사에게, 재무는 회계사에게….

처음에는 각각 분야별로 나눠 맡기는 것이 효율적으로 보일 수 있지만, 시간이 지날수록 창업자는 각기 다른 자문과 관점이 쪼개진 채로 전달되면서, 오히려 더 큰 혼란에 빠지게 됩니다.

자문들은 서로 다른 시점에, 서로 다른 전제 위에서, 각자의 관점으로 제시되기 때문에, 창업자는 '누가', '어떤 맥락에서', '무엇을 기준으로' 자문을 하는 건지 명확히 파악하지 못한 채 중요한 결정을 뒤로 미루게 됩니다.

그 결과, 전략적 판단은 흐려지고 실행은 지연되며, 조직은 방향을 잃기 쉽습니다.

바로 이 지점에서 ONE TEAM 경영은 선택이 아닌, 생존을 위한 전략적 해법으로 등장합니다. 전문가들 각자의 전문성이 하나의 전략적 목적을 공유하며 유기적으로 협업할 때, 창업자는 조각난 자문이 아닌, 통합된 해결책을 만날 수 있습니다.

서로 다른 언어를 사용하는 전문가들이 하나의 테이블에 모여, 창업자의 오늘과 내일을 함께 설계하고 실행하는 집단지성 기반의 협업 시스템. 이것이야말로 불확실성의 시대에 창업자가 고립된 채 버텨내는 것이 아니라, 지속적으로 성장하는 주체로 나아갈 수 있도록 돕는 구조적 힘입니다.

ONE TEAM 경영은 각 분야의 전문가들이 하나의 유기체처럼 연결되어 창업자의 비즈니스 여정을 함께 설계하고 실행하는 통합형 협업 모델입니다.

전문가의 집합체가 아닌, 동일한 전략적 방향을 공유하며 움직이는 성장 플랫폼으로서, 창업자가 직면한 문제를 함께 해결하고 지속 가능한 성장을 현실화하는 기반이 됩니다.

이러한 변화의 흐름 속에서, 사단법인 청년지식융합협회는 창업자의 현실에 밀착된 협업 시스템을 구축하고자 각 분야 전문가들이 뜻을 모아 설립한 단체입니다.

정보 제공이나 일회성 컨설팅에 그치지 않고, 전문가의 지식을 연결하고 실행 가능한 전략으로 전환하여 지속 가능한 경영구조를 설계하는 것이 협회의 핵심 목적입니다.

지식 기반 사회가 확장되고 창업 환경이 갈수록 복잡해지면서, 단일한 전문성만으로 기업의 지속 가능성을 담보하기 어려워졌습니다. 정책지원의 흐름을 읽고, 규제 문제를 해소하며, 경영 실무 전반에 걸쳐 신속하고 신뢰할 수 있는 대응 체계를 갖추는 일이 무엇보다 중요해졌습니다. 이처럼 다층적인 과제 앞에서는, 개별 전문가의 역량만으로는 한계가 있습니다. 융합형 전략 실행력을 갖춘 협업 조직만이 급변하는 환경과 거센 변화의 흐름에 기민하게 대응할 수 있습니다.

이러한 시대적 요구에 응답하는 새로운 해법은 전문가들의 지식이 협업을 통해 통합될 때, 비로소 실현됩니다. 이제 창업자는 모든 결정을 혼자 짊어지지 않아도 됩니다. 지식이 연결되고 실행되는 새로운 협업 생태계를 함께 구축해야 할 시점입니다.

창업은 길고 험난한 항해와 같습니다. 현대의 비즈니스 환경은 끊임없이 변화하며, 거센 파도를 몰아치며 창업자의 항로를 흔듭니다. 이런 풍랑 속에서도 사업이 방향을 잃지 않으려면, 든든한 선원들과 정밀하게 설계된 항해 지도가 필요합니다. 그 지도는 혼자가 아니라, 각자의 전문성을 모아 함께 만들어 갈 때 목적지에 닿을 수 있습니다.

ONE TEAM 경영은 창업자의 항해를 함께 설계하고 실행하는 집단지성 항해 시스템으로 작동합니다. 혼자서는 놓치기 쉬운 비즈니스의 사각지대를 통합적으로 관리하며, 창업자가 자신의 성장 스토리를 명확히 구축하고, 투자자와 시장의 신뢰를 얻을 수 있도록 전략적으로 뒷받침합니다.

 이 책에서는 실제 현장에서 축적된 협업 사례는 물론, 의사결정을 위한 도구, 원활한 소통을 위한 커뮤니케이션 프로토콜, 협업을 일관되게 운용하는 가이드라인, 그리고 변화에 유연하게 대응하기 위한 미래 확장 전략까지 담았습니다.

 높은 파도와 예기치 못한 기후 변화는 피할 수 없는 현실입니다. 그러나 믿을 수 있는 선원들과 함께 ONE TEAM을 이룬다면, 그 항해는 더 멀리, 더 안정적으로 나아갈 수 있습니다. 각자의 자리에서 오랜 시간 전문성과 실행력을 쌓아온 협업자들이 모여, 실전에서 검증된 경험과 현장의 인사이트, 그리고 전략적 운영 도구들을 나눌 때 창업자는 팀과 함께 성장의 항로를 그려가는 여정을 시작할 수 있습니다.

 그 안에는 위기를 기회로 전환하는 전략이 있고, 복잡한 문제를 꿰뚫어 보는 통합적 시야가 있으며, 빠르게 변화하는 환경에 민첩하게 대응할 수 있는 실천적 지혜가 담겨 있습니다. 바람과 물결은 우리가 통제할 수 없지만, 방향과 항해력은 설계할 수 있습니다.

 총 6장으로 구성된 이 책의 본문은 ONE TEAM 경영의 철학과 구조는 물론, 체계적으로 이를 어떻게 실행하고 확장해 나갈 수 있는지를 단계별로 안내합니다.

 '함께 성장하는 조직'을 만들고자 할 때, 창업과 협업의 현장을 이해하고 실전에 적용할 수 있도록 설계된 실전형 매뉴얼입니다. 이론에 머물지 않고 현장의 언어로 풀어낸 전략과 사례를 통해, 독자는 협업을 경영의 도구가 아닌 생존과 성장의 기반으로 삼는 새로운 관점을 얻게 될 것입니다.

1장 '왜 지금 ONE TEAM인가'에서는 급변하는 글로벌 경제 환경과 산업 구조의 변화를 배경으로, 창업자에게 요구되는 복합적 리스크 대응 능력을 살펴보고, 왜 이제는 전문가 간의 융합과 협업이 선택이 아닌 필수인지 설명합니다.

2장 'ONE TEAM을 이루는 전문가들'에서는 세무·노무·법무·회계·지식재산·경영 전략 등 각 분야 전문가가 실제로 어떤 데이터를 기준으로 판단하고, 어떤 질문을 통해 문제를 정의하는지를 구체적으로 다룹니다.

3장 'ONE TEAM은 어떻게 작동하는가'는 팀 구성에서부터 커뮤니케이션 툴의 활용, 협업 프로토콜 수립, 의사결정 의사록 작성법 등 실무에 바로 적용할 수 있는 도구들을 체계적으로 소개합니다.

4장 'ONE TEAM이 만든 변화: 실전 사례'는 다양한 산업과 기업 성장 단계에 따른 ONE TEAM 적용 사례를 통해, 성공과 실패의 요인을 비교 분석하며 협업의 본질을 파악할 수 있도록 돕습니다.

5장 '협업의 갈등과 극복'은 현장에서 자주 발생하는 주도권 충돌, 정보 비대칭, 역할 중복 등의 문제를 실제 사례 중심으로 짚어 보고, 이를 효과적으로 해결할 수 있는 실질적인 방법을 제시합니다.

6장 'ONE TEAM 전문가가 되기 위한 제언'에서는 ONE TEAM 경영을 확장하기 위한 전략적 방향성, 전문가와 창업자가 동반 성장할 수 있는 커리어 로드맵을 제시하며 이 책의 내용을 완성합니다.

창업의 여정 속에서, 때로는 방향을 함께 설정하는 선장이자, 때로는 갑판 위에서 리듬을 맞추는 항해사로서, 'ONE TEAM'이라는 이름의 든든한 동력으로 함께하길 바랍니다.

이제, 그 항해를 함께 시작해 보겠습니다.

1장

왜 지금 ONE TEAM인가?

1장

외로운 항해는 위험하다

오늘날의 경영 환경은 단일 해법으로는 대응할 수 없는 복합성과 불확실성으로 가득 차 있다. 하나의 결정이 회계·세무·법무·노무·재무 등 여러 영역에 동시에 영향을 미치며, 분야 간 경계는 점점 흐려지고 있다. 그럼에도 불구하고 많은 기업은 여전히 각 전문가의 개별적인 자문으로 대표가 직접 해석하고 실행해야 하는 구조에 머물러 있다. 이러한 분절된 자문 방식은 실행의 혼선과 전략 실패를 낳는 주요 원인이 된다.

이제 필요한 것은 자문을 나열하는 방식이 아니라, '하나의 전략 언어'로 통합하여 실행까지 연결하는 구조다.

ONE TEAM은 회계사, 세무사, 노무사, 변호사, CFP 등 다양한 전문가들이 각자의 전문성을 유지하면서도, 기업 전략이라는 공통의 목표 아래 정렬되어 실행 가능한 구조를 함께 설계하고 운영하는 협업 모델이다. 이 구조를 통해 기업은 전략의 실행력과 지속 가능성을 동시에 확보할 수 있다.

1. 변화의 소용돌이: 혼자서는 돌파할 수 없다

불과 몇 년 전까지만 해도, 기업은 경영 과정에서 발생하는 다양한 이슈를 각 분야의 전문가에게 각각 자문하는 방식으로 대응해 왔다. 세무 문제는 세무사에게, 노사 갈등은 노무사에게, 계약이나 법적 분쟁은 변호사에게 맡기는 등 상황이 발생할 때마다 필요한 전문가를 찾아 개별적으로 해법을 구하는 것이 일반적인 흐름이었다. 전문가들 역시 자신이 맡은 영역 안에서만 해결책을 제시했고, 기업은 그 자문들을 바탕으로 개별적 이슈에 대해 각각의 해법을 적용해 나가는 '부분 최적'을 추구해 왔다.

그러나 이제 시대는 완전히 달라졌다. 하나의 의사결정이 여러 영역에 걸쳐 복합적이고 연쇄적인 영향을 미치는 '융합형 리스크 시대'가 도래했기 때문이다. 단일한 이슈가 다양한 차원의 결과로 이어지고 한 영역에서 발생한 리스크가 다른 영역의 위기로 빠르게 확산되는 구조가 일반화되었다. 이처럼 하나의 사안조차 개별 전문가의 관점만으로는 온전히 판단하거나 대응하기 어려운 구조가 되었다. 이러한 변화는 대응의 수정이 아닌, 기업경영의 근본적 패러다임 전환을 요구하고 있다.

이제는 한 명의 직원을 해고하는 결정조차 단일한 인사 문제로만 접근할 수 없는 시대다. 부당해고 소송 가능성과 같은 노무 리스크는 물론, 명예훼손이나 손해배상 청구로 이어질 수 있는 법적 리스크, 퇴직금 산정 오류나 원천징수 누락에 따른 세무 리스크까지 발생할 수 있다. 여기에 내부 커뮤니케이션이 미흡할 경우, 조직문화에 악영향을 줄 수 있는 전략적 리스크까지 단 한 번의 결정이 여러 리스크와 복합적으로 연결되어 작동한다. 오늘날 기업은 다양한 전문가의 시각이 유기적으로 결합된, 통합적 문제 해결 시스템을 요구받고 있다. 이러한 복합적 현실 속에서, 기업에는 분야 간 장벽을 허물고 문제를 통합적으로 바라보며 실행할 수 있는 'ONE TEAM'의 협업 구조가 필수적인 전략으로 요구되고 있다.

과거에는 한 분야의 '전문성 깊이'가 경쟁력이었다면, 지금은 그 전문성을 다른 영역과 연결해 해석하고 융합하고 활용할 수 있는 '전문성의 연결력'이 더 큰 가치를 지니는 시대가 되었다. 기업 환경은 디지털 전환, ESG 경영, 고용환경 변화, 글로벌 공급망 불안정, 개인정보 보호 강화 등 다양한 이슈가 동시다발적으로 작용하며 그 복잡성이 한층 심화되고 있다. 이른바 우리는 '복잡성의 시대'에 본격적으로 진입한 것이다. 이제 기업을 둘러싼 외부변수들은 각각 독립적으로 움직이지 않는다. 하나의 변화가 여러 부문에 걸쳐 연쇄적 파급 효과를 일으키며, 기업은 분절된 기능 단위의 집합체가 아니라 유기적으로 연결된 하나의 시스템처럼 작동하게 되었다. 따라서 오늘날의 경영에서는 개별 기능 중심의 사고를 넘어서, 조직 전체의 구조와 리스크를 통합적으로 고려하는 '총체적 사고'가 필수적이다.

정부의 규제 환경도 이러한 복잡성을 더욱 가중시키고 있다. 규정은 세분화되고 있으며, 중소기업과 대기업 모두 동일한 기준과 책임이 요구된다. 하나의 규정 위반이 행정처분은 물론 사회적 비판으로까지 이어지는 다양한 리스크가 교차하는 환경 속에서, 복잡성을 통합적으로 관리할 수 있는 체계가 기업 경쟁력의 핵심 요소로 떠오르고 있다.

시대가 바뀌면서, '감각'이나 '경험'만으로 기업을 경영하던 시대는 지났다. 경영자의 직관은 여전히 중요하지만, 그것이 데이터와 시스템, 전문가 네트워크와 결합될 때에만 실행력과 지속 가능성을 갖출 수 있다.

오늘날 기업의 경쟁력의 원천은 혼자 잘하는 전문가가 아니라, 함께 판단하고 실행하는 전문가 그룹에서 나온다. 복잡한 시대일수록 해답은 개인이 아닌 팀에서, 단편적 대응이 아닌 협업과 집단지성에서 시작된다.

각 분야 전문가의 조언을 개별적으로 수용하는 방식은 기업 전략과 실행의 일관성을 해치기 쉽고, 자문 내용이 서로 충돌하거나 단절되면서 리스크의 사각지대를 만들 수 있다. 이러한 분절된 자문 구조는 단기적으로는 일부 효과를 낼 수 있지만, 시간이 지날수록 정책 간 불일치, 시스템 중복, 리스크 누적 등 구조적 문제로 이어질 가능성이 높아진다.

특히, 각 분야의 전문성이 깊어질수록 타 영역과의 연결성을 간과하기 쉬워지고, 경영자가 이를 조율하지 못하면 전문가 간 해법이 충돌, 혹은 중요 영역의 누락이라는 치명적인 실행 오류가 발생할 수 있다.

전문가 각각의 자문을 '따로따로' 듣고 개별적으로 적용하는 방식은 분명한 한계를 드러낸다. 자문 간의 충돌이나 핵심 요소의 누락은 결국 정책 간 불일치, 시스템의 중복, 리스크 사각지대, 조직 내 혼란으로 이어질 수밖에 없다.

지금 기업에 필요한 것은 각자의 '정답'을 나열하는 것이 아니라, 전문가들이 하나의 방향 아래 유기적으로 연결되어 움직이는 구조다. 지속 가능한 성장을 위해서는 단편적인 자문이 아닌 통합된 전략 설계가 필요하다. 각자의 전문성을 연결하고 해석하여 기업의 관점에서 '실행 가능한 전략'으로 전환하는 것, 그 지점에서부터 협업은 시작되어야 한다.

이러한 관점에서 ONE TEAM은 전문가들을 기능별로 병렬 배치하는 구조가 아니다. 노무사, 세무사, 회계사, 변호사, 경영지도사, CFP, 변리사 등 다양한 분야의 전문가들이 하나의 전략적 목표 아래 상호 해석하고 조율하며, 실행 중심의 솔루션을 만들어 가는 통합 경영 시스템이다.

이러한 통합 경영 솔루션은 기업의 정체성과 방향성을 바탕으로 제도를 설계하고 실행까지 함께 책임지는 전략적 파트너십 구조로 작동한다. 이것이 복잡성과 불확실성이 일상화된 시대에 기업이 선택해야 할 새로운 경영 방식이다.

 한 스타트업이 핵심 인재에게 성과급을 구두로 약속하고, 문서화나 평가 기준 없이 이를 실행에 옮겼다. 그러나 해당 직원이 퇴사 후 성과급 지급 문제로 노동청에 진정을 제기하면서, 기업은 예상치 못한 노무 리스크에 직면하게 되었다. 뒤늦게 취업 규칙을 정비하고 노무사의 자문을 받았지만, 곧이어 회계와 세무상의 문제도 잇따라 드러났다. 재무제표 누락, 법인 비용 불인정, 세무조사 리스크가 겹치면서 전방위적인 위기에 빠졌다. 이 사례는 전문가의 자문이 '각자 따로' 제공될 때 그 간극이 어떻게 리스크로 이어지는지를 보여 준다. 하나의 문제가 노무, 세무, 회계, 법무, 전략 등 여러 영역을 연쇄적으로 건드리는 복잡성의 시대에는, 바로 그 틈에서 위험이 터져 나온다.

 특히 스타트업이나 중소기업은 이러한 복합 리스크에 더 취약할 수밖에 없다.
 기업 규모가 작다고 해서 리스크의 크기까지 작아지는 것은 아니다. 오히려 내부시스템이 미비하고 대응 인력과 자원이 부족해, 단 한 번의 실수가 기업 전체에 치명적인 결과를 초래할 수 있다. 또한 투자 유치, 정부 과제 수주, 기업가치 평가, M&A 협상 등 기업의 전환점에서 제도적 기반이 허술하면 외부로부터의 신뢰 확보가 어려워지고, 이는 곧 사업 확장의 한계로 직결된다.

기업이 안정적으로 성장하고 외부의 신뢰를 얻기 위해서는 초기부터 전문가들이 팀으로 참여하여 구조를 설계하고 실행을 관리하는 체계가 필요하다. 여기서 중요한 것은 전문가를 '여럿 모으는 것'이 아니라, 그들이 서로 연결되고 전략적으로 조율되며 실행 결과까지 함께 책임지는 시스템을 구축하는 일이다.

ONE TEAM은 각자의 전문성을 존중하면서도 전체 전략의 균형을 맞추고, 실행 이후의 성과까지 공동으로 책임지는 통합적 접근 방식이다. 노무사, 세무사, 회계사, 변호사, 경영지도사, CFP, 변리사 등 다양한 분야의 전문가들이 각자의 관점에서 문제를 해석하고, 이를 하나의 실행 가능한 전략으로 통합해 실제 솔루션으로 구현해 낸다.

이 구조는 문제가 발생한 뒤 전문가를 '소환'하는 방식이 아니다. 기업의 미래를 함께 설계하는 사전에 전략적으로 구성된 팀으로 변화와 복잡성을 넘어서는 지속 가능한 경영 체계로 작동한다.

전문가들의 자문은 기업이 실제로 실행할 수 있는 솔루션으로 재구성되어야 한다. 이를 위해 필요한 것은 각 전문가의 '조각'을 단편적으로 나열하는 것이 아니라 '퍼즐'처럼 유기적으로 맞물려 작동하는 구조다. 왜냐하면 단편적인 자문이나 사후적 대응만으로는 기업이 직면한 복합적 리스크에 효과적으로 대응하기 어렵기 때문이다.

이 과정의 핵심은 '총괄 조율자'의 존재다. 회계사나 경영지도사 등과 같은 조율자는 각 전문가의 언어를 기업의 언어로 번역하고, 충돌하는 의견을 조율하며, 경영자가 실행 가능한 전략으로 정리해 주는 역할을 맡는다. 이들은 코디네이터가 아닌, 기업과 전문가 집단을 연결하는 전략의 브레인으로서 작동한다.

기업은 이제 '경험 기반의 직관'에만 의존할 수 없다. 데이터, 리스크 분석, 구조화된 시스템 설계를 기반으로 한 전략적 판단이 요구되며, 이를 효과적으로 작동시키기 위해서는 각 영역을 깊이 이해하는 전문가들의 지속적인 협업과 피드백 루프가 필수적이다. 여기서 중요한 것은 전문가가 '존재하느냐'가 아니라, 그들이 어떻게 연결되고 조율되어 움직이느냐에 달려 있다. 즉, 기업이 마주한 복잡한 현실을 풀어내는 해법은 각 분야의 전문가들이 유기적으로 작동하도록 구조화하는 데에 있다.

ONE TEAM은 전문가를 '외주'처럼 필요할 때마다 호출하는 방식이 아니다. 이 구조는 경영자가 끊임없이 연결된 질문을 던지고, 전문가들은 이를 각자의 언어로 해석하며, 그 해석이 하나의 실행 가능한 시나리오로 통합되어 다시 기업에 되돌아오는 전략적 순환 구조다. 즉, 전문가들의 역량은 전략 수립부터 실행, 리스크 관리까지 유기적으로 연결되어 작동하며, 문제를 조기에 발견하고, 기업의 목적과 방향성에 맞춘 실행 전략을 함께 만들어 간다. 이러한 구조 안에서 전문가의 자문은 데이터 기반의 판단, 실행 중심의 전략, 책임을 공유하는 협업 방식으로 전개되며, 단편적인 의견으로 끝나는 것이 아니라 하나의 실행 흐름으로 연결되는 시스템이 된다.

2. 기업가의 고립: 전략과 실행 사이의 단절

경영이란 본질적으로 끊임없는 의사결정의 연속이다. 대표는 하루에도 수십 차례, 불완전한 정보와 시간 압박, 그리고 복잡하게 얽힌 이해관계 속에서 결정을 내려야 한다.

문제는 이러한 결정들이 대부분 정답을 고르는 선택지가 아니라는 점이다. 특히 스타트업과 같은 자원과 체계가 미흡한 조직에서는, 대표가 전략, 인사, 재무, 법무까지 모든 판단을 전권으로 수행하는 경우가 많다.

초기에는 신속한 대응이라는 장점이 있지만, 조직이 성장할수록 의사결정의 집중 구조는 병목 현상을 일으키고 결국에는 리스크로 작용하게 된다.

행동경제학에서 말하는 '바운디드 래셔널리티(Bounded Rationality)'는 이러한 현실을 잘 설명한다. 인간은 정보 처리에 한계가 있기 때문에, 모든 선택지를 완벽히 분석할 시간과 인지 자원이 부족한 상황에서는 이론적 최적해(Optimal Solution)가 아닌 '충분히 괜찮은 해(Satisficing)'에 도달하는 경향이 있다는 것이다.

창업자가 모든 결정을 혼자 감당하는 구조에서는, 아무리 중요한 판단이라도 결국 직관과 즉흥성에 의존할 수밖에 없다.

미국 시장 조사 및 비즈니스 분석 플랫폼인 CB Insights가 110개

이상의 스타트업 실패 사례를 분석한 결과, '팀 문제 및 의사결정 지체'가 실패 원인 중 네 번째로 높은 비중을 차지했다. 이 수치는 협업 부족뿐만 아니라 의사결정의 고립이 조직의 한계를 만들고 성장의 걸림돌이 된다는 사실을 보여 준다. 결국, 기업가가 모든 결정을 홀로 감당하는 방식은 구조적 한계에 부딪힐 수밖에 없으며, 시간이 지날수록 이는 기업의 생존을 위협하는 취약성으로 전환된다.

고립된 의사결정 구조는 창업자의 인지적·정신적 자원을 급격히 소진시키는 심각한 문제로 이어진다. 이를 설명하는 대표적인 개념이 바로 '결정 피로(Decision Fatigue)'다. 포브스 비즈니스 카운슬에 따르면, 현대 경영자는 하루 평균 35,000개의 결정을 내린다고 한다. 이렇게 쌓이는 선택의 무게는 결국 선택 회피와 분석 마비(Analysis Paralysis)로 이어지며, 판단의 질을 급격히 떨어뜨린다. 판단력이 떨어지면 리스크 회피 성향이 강해지고, 이는 다시 전략적 기회를 놓치는 악순환으로 이어진다.

자원이 부족한 소규모 기업일수록, 외부 전문가 자문이 일회성으로 끝나는 경우가 많다. 결국 대표는 서로 맥락이 다른 자문들을 스스로 조립하고, 무엇을 선택할지 판단한 뒤 실행까지 전적으로 책임지는 구조에 놓이게 된다. 이처럼 연결되지 않은 자문들이 쌓이면 정보는 넘치지만 올바른 결정을 내리기 어려운, '의사결정 엔트로피 확대' 현상이 발생한다. 정보가 많아질수록 불확실성도 커지고, 창업자는 방향성을 잃은 채 더 큰 혼란 속으로 빠져들게 된다.

이 지점에서 ONE TEAM 접근법이 지닌 구조적 강점이 분명하게 드러난다. 회계사는 손익계산서와 현금흐름표에 숨어 있는 잠재적 리스크를 실시간으로 감지하고, 세무사는 R&D 세액공제나 자본잉여금 처분과 같은 시나리오를 병렬적으로 분석해 재무 전략의 다양한 방향성을 제시한다. 노무사는 근로기준법과 조직 몰입도 데이터를 결합해 인사 리스크를 수치화·계량화하며, 조직 내부의 문제를 사전에 식별한다. 변호사와 변리사는 계약서와 지식재산권이라는 서로 다른 관점을 통합해 전략 실행 시 필요한 '법적 안전거리'를 설계하고, CFP(국제공인재무설계사)는 대표 개인과 법인의 자산 구조를 아우르는 통합 시각으로, 최종 의사결정이 미치는 법인적·개인적 파급 효과를 동시에 검토한다.

중요한 것은, 각 전문가가 자신의 데이터를 개별적으로 분석하며, 서로의 전문영역을 연결하고, 다학제적 데이터를 유기적으로 '스티칭(Stitch)'함으로써 상호 의존적인 해석과 검증을 실시간으로 수행한다는 점이다. 이처럼 전문성과 전문성 사이를 엮어내는 협업 모델이 바로 ONE TEAM의 본질이다. 그 결과 창업자는 조각난 자문이 아닌 통합된 판단과 실행 가능한 전략을 손에 넣을 수 있으며, 복잡하고 불확실한 환경 속에서도 정확하고 신속한 의사결정이 가능해진다.

이러한 융합적 협업 모델이 실질적으로 작동하기 위해서는 통합된 의사결정 인프라가 선행되어야 한다.

이와 관련해 트랜잭티브 메모리 시스템(TMS, Transactive Memory System)은 중요한 이론적 기반이 된다.

TMS는 '누가 무엇을 알고 있는가'를 인지적으로 공유할 수 있도록 돕는 집단 기억 구조(Cognitive Mapping System)로, 의료·항공 등 고위험 산업에서 팀 퍼포먼스를 보호하고 강화하는 핵심 메커니즘으로 그 효과가 입증되어 왔다.

ONE TEAM은 회계 ERP, 계약 CMS, HR 데이터레이크를 하나의 '신뢰 가능한 단일 데이터 출처(SSOT, Single Source of Truth)'로 통합함으로써, 회계·세무·법무·노무 관련 핵심성과지표(KPI)를 하나의 인터페이스에서 실시간으로 모니터링할 수 있는 구조를 만든다. 이를 통해 각 기능 분야 간의 정보 단절과 부분 최적화 리스크를 줄이고, 보다 정확하고 균형 잡힌 의사결정을 가능하게 한다.

무엇보다 중요한 것은 의사결정 권한과 책임을 개인이 아닌 시스템에 분산시킨다는 점이다. 스타트업 실패 원인 중 20%가 '한 사람에 집중된 결정 구조' 때문이라는 포스트 모템(Post-Mortem) 분석 결과는 이러한 구조의 필요성을 명확히 나타낸다.

ONE TEAM은 구조화된 협업 기반 리스크 관리 체계를 구축한다.

먼저 RACI 매트릭스를 통해 각 전문가의 역할과 책임을 명확히 구분하고, DSM(Design Structure Matrix)을 활용해 협업 구조와 의존 관계를 시각화하며, 갈등이나 우선순위 충돌이 발생했을 때는 SLA(서비스 수준 협약)를 기준으로 객관적으로 조율한다. 이러한 체계적 운영 모델을 통해 빠르고 정확한 의사결정을 지원하고, 불확실성 속에서도 일관된 전략 실행을 가능하게 만든다.

결정의 최종 책임과 서명이 여전히 대표에게 있다는 사실은 변하지 않는다. 그러나 ONE TEAM 시스템 안에서 내려지는 결정은, 인지적 고립 속에서 만들어진 고립된 판단이 아니다. 이는 각 분야의 전문 지식이 실시간으로 교차하고 조율된 협업의 산물이며, 실행 이후의 피드백 루프까지 내장된 '학습하는 의사결정 구조'로 전환된다. 기존의 자문-실행 방식이 일방향적 선형 구조에 머물렀다면, ONE TEAM은 '좌표 업데이트 → 리스크 재측정 → 전략 재보정'이라는 회전식 메커니즘을 통해 의사결정의 역동성을 실현한다. 이러한 순환 구조는 의사결정을 한 번의 선택으로 끝나는 행위가 아니라, 상황 변화에 유연하게 반응하며 정교화되는 지속 가능한 전략 엔진으로 탈바꿈시킨다.

초기 스타트업 단계에서는 대표 1인의 판단이 민첩성과 속도라는 강력한 이점을 제공한다. 그러나 기업이 성장하고 정보의 복잡성과 리스크의 상호 연결성이 커질수록, 이러한 일인 중심 구조는 오히려 병목 현상을 유발하고, 의사결정의 불균형과 리스크 누적을 초래하는 구조적 한계로 작용하게 된다.

ONE TEAM은 이 한계를 극복하기 위한 진화된 해법이다. 각 분야 전문가들과의 협업을 통해 전략 수립부터 실행, 성과 검증, 재학습에 이르는 전 과정을 하나의 통합 시스템으로 연결한다.

그 결과, 창업자는 단편적인 자문의 파편들을 스스로 조립하고 해석해야 하는 부담에서 벗어나, 총체적 판단의 기반 위에서 실행 가능한 전략적 확실성을 확보할 수 있게 된다.

다음 사례들은 고립된 의사결정이 어떻게 기업 전체를 위험에 빠뜨릴 수 있는지를 단적으로 보여 준다. 대표 혼자 내린 판단이 어떻게 리스크로 확산되는지를 살펴보면 왜 '혼자 결정할 때 놓치기 쉬운 변수들'이 ONE TEAM 협업 구조에서 사전에 검토되어야 하는지 그 이유가 분명해진다.

독소조항 하나로 무너진 스타트업

스타트업 대표 A는 초기 사업의 빠른 성장을 목표로 여러 투자자들과 접촉하던 중, 해외 파트너로부터 기술 제휴와 투자를 동반한 제안을 받았다. 대표는 기회를 놓치지 않기 위해 계약을 서둘렀고, "간단한 MOU 수준"이라고 판단한 채 법률 자문 없이 계약서에 서명했다. 그러나 VC(Venture Capitalist)의 투자 심사 과정에서, 계약서 내에 기술 사용권의 과도한 이전, 독점적 공급 조건, 타사 제휴 제한 조항 등 스타트업의 미래 확장을 심각하게 제약할 수 있는 독소 조항들이 드러났다.

이를 확인한 VC(Venture Capitalist)는 기술적 독립성과 사업 유연성에 대한 리스크를 이유로 투자를 전면 철회했다. 대표는 뒤늦게 변호사에게 자문을 요청했지만, 이미 계약은 체결된 상태였고 수정이나 철회는 현실적으로 불가능한 상황이었다. 결국 사업은 계약 해지와 소송이라는 극단적 선택 사이에서 흔들리게 되었고, 기업은 기술·자금·신뢰 세 축 모두에서 심각한 타격을 입었다.

이 사례는 법률 자문 하나의 부재가 기술, 투자, 브랜드 전반에까지 연쇄적으로 영향을 미친 전형적인 전략 실패이며, 전문가 연결이 사전에 작동하지 않을 때, 의사결정이 어떻게 기업의 리스크로 이어지는지 보여 준다.

단독 결정이 만든 법과 신뢰의 이중 리스크

중소기업 대표 B는 급격히 상승한 인건비로 인한 경영 압박 속에서 빠른 결단이 필요하다고 판단했다. 매출 정체와 고정비 증가 문제를 해결하기 위해 일부 직원을 해고하는 구조조정을 단독으로 신속히 단행했다. 문제는 그 과정에 노무사의 자문이 전혀 개입되지 않았다는 점이었다.

절차적 정당성을 결여한 해고는 부당해고 분쟁으로 이어졌고, 회사 측은 손해배상과 과태료 부담이라는 직접적 법적 리스크를 떠안게 되었다. 그 후, 남은 직원들 사이에 불신이 확산되었고, 조직 분위기는 급속히 불안정해졌다. 결국 핵심 인재들이 자발적으로 회사를 떠났으며, 사내 커뮤니케이션은 사실상 마비되었다.

비용을 줄이려던 결정은 결국 법적 리스크와 조직 리스크를 동시에 낳으며, 회사는 재정적·문화적 이중 손실을 입었다. 이 사례는 노무 자문이 절차를 검토하는 기능뿐 아니라, 조직 내 신뢰를 유지하고 기업 문화를 지키는 전략적 장치임을 보여 준다.

ONE TEAM 구조는 리스크가 발생한 이후 '소환'되는 자문 체계가 아니라, 전략 수립과 의사결정의 전 과정에 선제적으로 통합되어야 리스크를 예방하고 지속 가능한 경영 시스템을 구축할 수 있다. 초기 단계부터 전문가들이 함께 참여하여 설계된 구조가 예측 가능한 위험을 차단하고 실행 가능성을 높이는 실질적인 해법이 된다.

🔰 전략 없는 비용처리 신용 손실의 악순환

제조업을 운영하던 대표 C는 고정비와 세금 부담이 반복적으로 누적되는 상황에서 비용 절감 압박을 강하게 느끼고 있었다. 그는 비교적 사소하다고 판단한 외주비, 접대비, 일부 매입비용 등을 세무 신고에서 제외하고 회계 장부에만 반영하는 방식을 택했다.

당시에는 현금 유출이 없었고, 외부 감사나 지적도 없었기에 문제는 드러나지 않았다. 그러나 3년 후 정기 세무조사 대상이 되며, 상황은 급격히 악화됐다. 누락된 비용과 부정확한 세금 보고는 수천만 원에

달하는 가산세, 이자, 과태료로 이어졌고, 기업의 외부 신뢰도에도 심각한 손상을 입혔다.

문제는 거기서 끝나지 않았다. 주요 납품처로부터 경고와 제재성 조치가 이어졌고, 일부 금융기관은 대출 한도를 축소하거나 보증 조건을 강화했다. 단기적인 절세가 결국 장기적인 평판 리스크와 자금 조달 리스크로 이어진 것이다. 대표는 작은 실수가 만들어 낸 파장의 크기에 뒤늦은 대가를 치를 수밖에 없었다.

이 사례는 단순한 세무 누락이 아니라, 시간이 지나며 세무 → 신용도 → 거래처 → 금융권으로 연결되는 연쇄 리스크의 전형이다. 만약 초기에 회계사와 세무사가 ONE TEAM 체계 안에서 함께 연결되어 있었다면, 법적 테두리 안에서의 합리적 절세방안 설계, 장기 리스크를 고려한 구조 설계, 회계 기준과 세무 신고의 정합성 확보 등을 통해 사태를 사전에 차단하거나 완화할 수 있었을 것이다.

스타트업 A, 중소기업 B, 제조업체 C의 사례는 업종도 다르고, 겪는 위기의 양상도 제각각이지만, 결정적인 공통점이 있다. 전문가의 부재도 있지만, 전문가 간 '연결의 부재'에서 비롯된 구조적 취약성이다. 각 기업의 대표들은 필요에 따라 세무사, 노무사, 변호사 등 다양한 전문가와 접촉할 수 있는 환경에 있다. 그러나 이들의 자문은 각기 흩어진 채 개별적으로 작동했을 뿐, 전략적으로 통합되지 못했다. 어떤 경우에는 특정 분야의 자문만을 근거로 판단을 내렸고, 또 다른 경우에는 전문가 자문조차 거치지 않은 채 독단적으로 결정을 내리기도 했다.

문제의 본질은 자문을 제공할 수 있는 전문가가 없었던 것이 아니다. 전문가의 자문이 '있음'에도 불구하고, 그것이 서로 연결되지 못한 '단절'이 문제였다. 필요한 자문은 분명 존재했지만, 이들을 조율하고 통합할 구조가 없었다. 각기 흩어진 자문은 단편적으로 머물렀고, 이를 유기적으로 연결해 전략적 판단으로 이끌어 줄 ONE TEAM 시스템이 부재했던 것이다.

세 가지 사례는 한 가지 사실을 명확히 보여 준다. 아무리 뛰어난 전문가들이 주변에 있어도, 그들의 지식과 통찰이 유기적으로 연결되지 않는다면, 의사결정은 분절되고 실행은 흔들리며 리스크는 제대로 통제되지 않는다. 특히 경영 환경이 복잡할수록 노무, 세무, 회계, 법무, 전략 등 다양한 분야의 자문은 하나의 흐름 속에서 통합되어야 한다. 그렇지 않으면 부분적인 자문에만 의존한 판단은 전체를 보는 시야를 왜곡하고, 기업은 방향을 잃게 된다. 결국 모든 자문을 종합해 '실행할 것인가'를 결정하고 그 책임을 감당해야 하는 최종 주체는 다름 아닌 대표 자신이다.

최근 경영 환경은 과거와는 비교할 수 없을 정도로 복잡성과 불확실성이 높아졌다. 회계, 세무, 법무, 인사, 전략, IT, 브랜드, 지식재산, 노무 등 기업이 직면하는 과제는 분야가 다양할 뿐만 아니라, 이들 간의 상호작용이 복합적으로 얽혀 있어, 문제 하나가 다른 문제를 촉발하거나 연쇄적으로 영향을 미치기도 한다. 이런 복합적인 구조 속에서 경영자가 모든 분야를 깊이 있게 이해하고, 각 전문가의 자문을 완벽히 해석해서 단독으로 최적의 결정을 내리는 것은 사실상 불가능에 가깝다.

각 분야의 전문가는 저마다 고유한 언어와 사고의 틀을 가지고 있다. 경영자는 자문을 받는 그 순간부터 서로 다른 관점과 전제를 조율하며 그 해석을 자신의 현실에 맞게 통합해야 하는 '통합자'의 역할을 떠맡는다. 그러나 아무리 뛰어난 자문이라도 그것이 자사의 현실이나 역량, 조직문화와 정합적인 해법이 되는 것은 아니다. 어떤 전략은 이론적으로는 완벽하지만, 실행은 불가능하고, 어떤 해법은 실행 가능하지만, 조직의 핵심 가치를 훼손할 수도 있다.

따라서, 전략이 실질적인 선택으로 이어지기 위해서는 그것이 지금 이 시점, 이 기업에 대표의 철학과 문화에 부합하는지를 종합적으로 판단해야 한다. 그리고 그 최종 결정에 대한 책임은 경영자에게 있다. 경영자는 전문가의 의견을 수동적으로 받아들이는 존재가 아니다. 오히려 각 자문을 자신의 사업 철학, 시장에 대한 직관, 조직의 정체성과 결합하여 재구성할 수 있어야 하는 능동적인 판단자다.

전문가의 자문은 어디까지나 '의사결정을 위한 재료'이지, 그것 자체가 결론이 되어서는 안 된다. 자문을 유의미한 정보로 전환하고, 정보를 전략으로 연결한 뒤, 전략을 실제 결단으로 구체화하는 일은 오직 경영자만이 수행할 수 있는 고유한 책임이자 권한이다. 이것이 왜 '경영자의 판단'이 반드시 존재해야 하는 이유가 있다. 그리고 그 판단은 전문가의 자문이 유기적으로 연결되고 전략적 조율되는 구조 속에서 더욱 정교해질 수 있다.

그러나 이처럼 판단과 책임이 경영자에게 집중된 구조는 대표를 점점 더 고립시키고, 과도한 부담은 조직 전체의 기능 저하로 이어질 수 있다. 전략은 점차 장기적 비전보다는 단기적 문제 해결에 치우치게 되고, 기업은 반복되는 시행착오의 악순환에 빠진다. 이는 대표 개인의 역량 부족이 아니라, 자문과 실행을 연결할 전략 구조의 부재에서 비롯된 결과다.

ONE TEAM은 이러한 구조적 한계를 극복하기 위한 협업 시스템이다. 전문가의 자문을 경영자의 철학과 조직의 현실에 맞춰 재구성하고, 그 판단을 명확하게 뒷받침하는 방식으로 작동한다. 중심에는 언제나 대표가 있으며, 최종 결단 역시 대표의 몫이지만, 그 판단이 고립되지 않고 구조적으로 뒷받침되도록 돕는 것이 ONE TEAM의 핵심 역할이다.

3. 전문가 네트워크: 연결이 경쟁력이다

오늘날의 경영 환경은 과거보다 훨씬 더 복잡하고 다차원적인 네트워크로 진화하고 있다. 하나의 판단이 인사, 재무, 세무, 법무, 기술, 브랜드, 거버넌스, ESG 등 조직의 다양한 영역에 연쇄적으로 영향을 미치는 구조 속에서, 각 분야는 독립된 기능이 아니라 상호작용하는 변수로 작용한다.

이 지점에서 필요한 것은 역할 분담이 아니라 전문 지식 간의 '시너지'다. 진정한 전문가 네트워크는 분절된 정보를 나열하는 것이 아니라, 그것들을 조율하고 교차 검증하며 전략으로 통합해 실행 가능한 흐름을 만들어 내는 유기적 구조다. 그래야만 다차원적 변수 속에서도 리스크를 선제적으로 통제하고, 불확실성 속에서 기회를 전략적으로 포착할 수 있다.

대표는 매일 크고 작은 선택의 갈림길에 선다. 인력을 충원할 것인지, 비용을 감당할 수 있을지, 투자 제안을 받아들일 것인지 등 수많은 결정을 내려야 한다. 단순한 선택처럼 보이지만, 그 이면에는 인사, 회계, 세무, 법무, 전략 등 여러 분야의 해석과 이해가 겹쳐 있다. 이처럼 복합적인 판단의 무게가 오롯이 경영자 한 사람에게 집중되는 구조는 근본적인 한계를 가질 수밖에 없다.

경영자에게 필요한 것은 방대한 정보가 아니라, 그 정보를 기업의 맥락에 맞게 해석하고 실행 가능한 전략으로 전환할 수 있도록 돕는 구조적 지원이다. 변화의 속도가 갈수록 빨라지고, 변수는 더욱 복잡해지는 시대의 흐름 속에서 해답은 개별적인 전문성에 머무르지 않는다. 경쟁력은 '함께 움직이는 힘' 즉, 전문가 간의 유기적 시너지에서 나온다. 따라서, 경영 전략에서 '전문가 협업'은 선택이 아니라 필수가 된다.

정보가 넘치는 시대지만, 그것을 전략으로 엮어내는 구조가 없다면 정보는 오히려 부담이 된다. 위협은 눈앞의 문제가 아니라, 연결되지 않은 결정들이 서로 다른 영역에 시간차를 두고 파장을 일으키며 조직 전반에 균열을 만드는 '복합 리스크'야말로 더 본질적인 위협이다.

회계상의 누락이 세무 문제로, 법적 분쟁이 조직 신뢰 위기로 확산되는 연쇄 반응은 판단 미숙 때문이 아니라, 전문가 간 연결이 결여된 구조적 단절에서 비롯된 결과다. 그때그때 최선을 다했다고 믿지만, 고립된 자문을 바탕으로 통합된 전략 없이 단발적 해법만을 반복했다면 문제는 형태만 바꿔 다시 찾아올 수밖에 없다. 자문은 존재했지만 연결은 없었고, 판단은 있었지만, 전략은 부재했다. 그렇게 대표는 점점 더 고립된 결정권자가 남게 된다.

기업에 진정으로 절실한 것은 '혼자 내리는 판단'이 아니라, 전문성과 실행력을 유기적으로 연결해 주는 전략적 구조다. 아무리 탁월한 전략이라도 실행되지 않으면 무의미하고, 그 실행은 각 분야 전문가들의 협력 구조 없이는 불가능하다.

ONE TEAM은 바로 이 지점에서 출발한다. 분야별 전문가들이 하나의 방향성과 문제의식 아래 조율되고, 정보를 해석하며, 실행을 설계하는 전략적 협업 시스템이다. 경영자는 방향을 제시할 수 있지만, 그 길을 실질적으로 완주하기 위해서는 해석과 실행을 함께 나누는 동반자가 필요하다. 경영은 외로운 결단의 연속처럼 보이지만, 그 결정이 의미 있는 결과로 이어지기 위해서는 함께 움직이는 팀워크, 즉 유기적으로 연결된 협력 구조가 뒷받침되어야 한다.

기업을 둘러싼 환경은 날로 복잡해지고 있다. 규제는 정교해지고, 시장은 빠르게 변화하며, 조직 운영에는 그 어느 때보다 높은 수준의 전문성이 요구된다. 각 영역은 점점 더 세분화되고 있지만, 이들이 서로 연결되지 않은 채 병렬적으로 작동할 때, 오히려 경영자의 판단은 더 큰 혼란 속에 빠질 수 있다.

중요한 것은 전문가의 수가 아니라 연결의 질이다. 각자의 전문성이 하나의 전략 흐름 안에서 조율되고, 경영자의 의사결정을 명료하게 지원하는 통합 구조가 작동할 때 조직은 복합 리스크를 선제적으로 관리하고, 기회를 전략적으로 활용할 수 있다. 결국 경영이 요구하는 것은 단편적인 자문의 나열이 아닌, 전략적으로 연결된 전문가 네트워크다. 이 연결 구조야말로 불확실성과 복합성이 공존하는 시대에 기업이 흔들림 없이 앞으로 나아가기 위한 현실적이고 지속 가능한 해법이다.

ONE TEAM은 자문 집합체가 아니라 각기 다른 전문가의 자문 간 해석의 차이를 메우고, 이를 전략적으로 정렬하는 연결 장치다. 이 시스템 안에서 각 전문가는 자신의 분야에만 머무르지 않는다. 타 영역의 자문과 기업의 실행 가능성까지 고려해 자문을 제공하며, 개별 자문은 단절되지 않고 전략 시나리오라는 형태로 통합된다. 경영자는 서로 충돌하는 자문 사이에서 해석에 시간을 낭비하지 않고, 하나의 통합된 방향 안에서 본질적인 결정을 내릴 수 있다. 이러한 협업 구조 속에서 경영자는 외부 자문을 선별적으로 소비하는 '판단 소비자'가 아니라, 전문가들이 함께 설계한 전략적 흐름의 중심에 서서, 기업의 방향을 설정하고 실행을 견인하는 '결정의 축'이 된다.

ONE TEAM이 지향하는 것은 '누가 어떤 자문을 했는가'가 아니라 '그 자문들이 어떻게 연결되어 전략이 되고, 기업을 실제로 움직이게 하는가'에 있다. 전략은 자문의 나열이 아닌 전문성과 실행 가능성을 연결하는 설계에서 완성된다.

예를 들어, 한 스타트업이 클라우드 서버 구축비를 무형자산으로 처리하려 할 경우, 회계적으로는 자산 계상이 가능할 수 있지만, 세무 관점에서는 이 비용이 연구·인력개발(R&D) 세액공제 대상에 해당하는지를 별도로 검토해야 한다. 이때 세무 전문가는 관련 세법 요건 충족 여부를 분석할 뿐 아니라, 이를 절세 전략과 연계할 수 있어야 한다. 동시에 법무 담당자는 해당 서버 공급업체와 체결한 서비스 수준 협약(SLA, Service Level Agreement)의 손해배상 조항을 면밀히 검토해 향후 발생할 수 있는 법적 분쟁에 대비한 리스크 완충 장치를 마련해야 한다. 이처럼 단일 영역의 판단은 타 분야의 리스크를 간과하기 쉽고, 실무에서의 의사결정은 언제나 분야 간 교차 검증을 필요로 한다. 전문가 간의 협업과 해석의 연결이 없다면, 실행 가능한 전략도, 안전한 의사결정도 불가능하다. 이러한 이유로, 경영 전략에는 단편적 사고가 아닌 분야 간 연결과 조율이 내재된 네트워크형 사고와 구조가 필수적이다.

전략 PMO(Project Management Office)는 경영지도사와 함께 조직의 전략 목표를 중심으로 회계, 세무, 법무, 노무, IP, 재무 설계 등 분절된 전문영역을 통합하여 실행 가능한 의사결정 시나리오로 조율하는 핵심 조정자 역할을 수행한다. 이 과정에서 전략 PMO는 자문 중개가 아닌, 다양한 분야의 데이터를 전략적 언어로 연결하는 '중간 언어(middle language)'를 활용한다. 대표적인 도구로 조직 또는 개인의 목표와 목표 달성 여부를 판단하는 핵심 결과를 함께 설정해 성과를 추적하는 시스템(OKR, Objectives and Key Results), 조직의 성과를 재무적 성과, 고객, 내부프로세스, 학습과 성장 4가지 관점에서 균형 있게 평가하려는 전략 관리 도구(BSC, Balanced Scorecard), 핵심성과지표(KPI, Key Performance Indicator), 투입된 자본 대비 기업이 창출한 순이익의 비율(ROIC, Return on Invested Capital), 기업이 창출한 영업이익에서 자본의 기회비용을 차감한 '경제적 부가가치(EVA, Economic Value Added)' 등의 전략성과 지표를 '중간 언어'로 활용해 서로 다른 영역의 데이터를 하나의 대시보드로 통합하고, DSM이나 RACI 같은 구조적 협업 도구를 통해 역할 중복은 검증 장치로, 빈틈은 사전 예방 요소로 전환함으로써, 전략 실행의 복잡성을 줄이고 의사결정의 일관성과 속도를 확보한다.

세무 영역은 미래의 현금 흐름을 절세와 조세 리스크 관점에서 재구조화하는 정교한 전략 활동이다. 그러나 아무리 치밀한 세무 전략이라도 회계 기준·법적 합의·노무 체계와의 정합성이 확보되지 않으면 실행력을 상실한다. 예를 들어 고용창출투자세액공제(ETIC)나 연구·인력개발(R&D) 세액공제의 실효성을 극대화하려면, 노무사는 근로계약 구조를 제도 요건에 맞춰 설계하고, 변호사는 다른 지원제도와의 충돌을 사전 점검해야 하며, 세무사는 이 모든 조건을 통합해 최적의 절세 시나리오로 구체화해야 한다. 이러한 세무-노무-법무 간의 삼각 협업이 전제되어야 전략이 제대로 작동할 수 있다. 따라서 복합 의사결정에는 전문가 간 연결성과 전략적 조율이 내재된 협업 구조가 필수적이다.

노무·HR는 조직을 유기적으로 작동하게 만드는 핵심 설계이지만, 회계·세무·법무와의 정밀한 조율 없이는 실행 단계에서 회계 왜곡, 세무 리스크, 계약 충돌 등의 복합 문제로 이어질 수 있다. 선택적 근로시간제나 스톡옵션 제도와 같이 다학제 해석이 요구되는 제도는 전문가 간 교차 검증을 전제로 해야만 실질적 효과를 발휘할 수 있으며, 조직의 성장 기반으로 자리 잡을 수 있다. 결국, HR 정책 또한 전략적 전문가 네트워크 안에서 설계되고 작동해야 조직은 제도에 끌려가는 것이 아니라, 제도를 통해 지속 가능한 성과를 만들어 낼 수 있다.

법무는 계약·규제·분쟁 조직 활동 전반에 내재한 리스크를 최소화하는 핵심 기능이다. 그러나 이 분석이 회계·세무·HR·지식재산 데이터와 연결되지 않으면 법무의 전략적 효용은 제한된다. 예를 들어 SaaS

계약을 체결할 경우, 변호사의 법률 검토뿐 아니라, 변리사의 지식재산 보호 분석, 회계사의 비용 처리 방식 및 자산 인식 여부에 대한 판단, 세무사의 공제 가능성 및 세무 리스크에 대한 검토까지 동시에 작동해야 비로소 해당 계약의 법적 안정성과 재무적 타당성이 통합적으로 확보된다. 결국 법무 리스크 관리 또한 전문가 간 교차 해석과 유기적 조율을 통해서만 실질적 전략 자산으로 전환될 수 있으며, 이러한 구조 없이는 계약은 문서에 그치고, 분쟁 예방도 사후적 대응에 머물게 된다.

지식재산(IP) 관점은 기업의 핵심 무형자산을 보호하고 수익화하는 데 중추적 역할을 하지만, 특허·상표·저작권 등이 분절되어 관리되면 글로벌 확장이나 라이선스 협상과 같은 전략적 국면에서 그 가치가 왜곡될 수 있다. 따라서 변리사가 설계한 IP 포트폴리오는 세무사와의 협업을 통해 특허 박스(Patent Box) 세제 적용이나 이전 가격(Transfer Pricing) 정책과 연결되고, 회계사는 손상검사(Impairment Test)와 공정가치 평가에 반영하여 자산 가치를 재무적으로 입증해야 한다. 이처럼 IP는 단독 관리의 대상이 아니라, 다학제적 조율을 통해 기업의 전략 자산으로 전환되어야 할 핵심 영역이다. 전문가 간의 유기적인 협업 구조 없이, 지식재산은 '보호 대상'일 뿐, '가치를 창출하는 자산'으로 확장되기 어렵다.

재무 설계 및 패밀리오피스 관점은 창업자 개인과 법인의 자산을 통합적으로 관리하는 전략적 기능이다. 모든 재무 이벤트가 기업 전반에 미치는 각 분야에 미치는 영향을 교차 검증하는 데 초점을 둔다. 대표이사의 퇴직금, 주식 양도, 증여, 재투자 등이 분절된 판단에 따라 설계될 경우, 개인의 재무 이슈가 법인의 리스크로 전이될 수 있다. 따라서 CFP(국제공인재무설계사)는 사적 자산과 공적 자산을 명확히 구분하여 단기 효율성과 장기 지속 가능성을 함께 고려한 전략적 의사결정 구조를 설계해야 한다. 이러한 구조 안에서 지속 가능한 기업 생태계를 위한 연결플랫폼이 되어야 한다.

전문가 시너지는 함께 모여 있다고 저절로 생기지 않는다. 진정한 힘은 조율된 구조 속에서 언어와 데이터, 해석과 실행이 유기적으로 연결될 때 비로소 발현된다. 기업이 추구해야 할 전문성 활용은 여러 전문가의 병렬적 배치가 아니라 핵심은 언어·데이터·과정·책임 체계가 긴밀하게 연동되는 구조적 시스템의 구축에 있다.

ONE TEAM 구조는 전문가 각자의 전문성을 훼손하지 않고, 오히려 상호의존성과 연결성을 통해 그 전문성을 전략적으로 확장하는 시스템이다.

회계 데이터는 세무 절세 전략으로 연결되고, 노무 제도는 법무 안전장치로 기능하며, IP 포트폴리오는 재무 레버리지로 활용하듯 서로 다른 분야의 언어와 논리를 하나의 전략적 흐름으로 통합한다. 그 안에서 경영자는 자문 수집자가 아니라 전체를 설계하고 결단하는 '전략

아키텍트' 역할을 할 수 있다. 그 결과 조직은 전략 수립부터 실행까지 일관성과 속도를 동시에 갖춘 역동적인 움직임을 실현할 수 있으며, 개별 전문성은 연결을 통해 더욱 큰 전략적 가치로 전환된다.

2장

ONE TEAM을 이루는 전문가들

(2장)

전문성을 잇는 연결, 협업으로 완성되는 전략

ONE TEAM 구조에서 각 전문가의 이름표는 '직무 타이틀'을 의미하지 않는다. 오히려 그들은 '무엇을 판단하고 책임지는가', '누구와 어떤 접점에서 연결되는가'를 기준으로 식별된다. 이는 직제 중심의 조직 구조가 아닌, 전략 중심의 협업 구조를 지향한다는 의미다.

기업경영은 복잡한 기계를 운용하는 일과 같다. 세무, 인사, 법무, 자산, 지식재산, 전략기획 등 각 부문은 톱니바퀴처럼 맞물려 돌아가야 전체가 정상 작동한다. 이때 필요한 것은 각 분야 전문가들의 단절된 자문이 아니라, 전략의 흐름 속에서 유기적으로 조율된 '역할 분담'과 '자문 간 연결'이다.

전문가 개개인의 전문성은 독립적일 수 있으나, 전략의 완성은 협업의 책임 안에서 공동으로 이루어진다.

1. '통합 조율자' 경영지도사

경영지도사는 복합 전략을 실행 가능한 구조로 전환하는 '지식 오케스트레이션 메커니즘'이다. 혁신 기술이나 참신한 비즈니스 모델만으로 시장에서의 성공이 보장되지 않는다. 전략과 조직, 시장 간 불일치로 발생하는 실행 간극(Execution Gap)은 특히 자원이 한정된 스타트업에게 치명적인 리스크로 작용한다. 이러한 간극을 해소하기 위해 기업의 동태적 역량(Dynamic Capabilities)인 기회 탐색(Sensing), 자원 획득(Seizing), 조직 변환(Transforming)을 강화하고 조율하는 중추적 역할을 수행한다. 전략을 실행 가능한 형태로 설계하고, 제한된 자원을 효과적으로 배분하며, 환경 변화에 유연하게 대응하는 조직의 체질 개선을 이끄는 것이다.

즉, 경영지도사는 지식을 전달하는 컨설턴트가 아니라, 전략의 현장 안착을 가능케 하는 실천형 촉매 역할을 수행한다.

ONE TEAM 구조 내에서 증거 기반 경영(Evidence-Based Management)을 토대로 전략 설계, 조직 학습, 시장 적합성 검증을 하나의 흐름으로 통합한다. 내부 자원과 외부 기회를 연결해 전략적 일관성(Strategic Consistency)을 확보하고, 각 분야 전문가의 해법을 실행 가능한 로드맵으로 재구성하는 실천 중심의 전략 조율자로 기능한다.

경영지도사는 감독자(Strategic Architect), 실행 코치(Execution

Coach), 플레이메이커(Change Catalyst)라는 세 가지 역할을 순환적 피드백 루프(Cyclic Feedback Loop) 안에서 유기적으로 수행한다. 이는 전략 수립, 실행, 변화 관리라는 기업경영의 핵심축을 끊김 없이 연결하기 위한 설계다. 조직의 비전과 미션, 핵심 가치를 중심축으로 장기 성장 시나리오를 설계하고, 흡수 역량(Absorptive Capacity)을 강화하여 학습곡선을 단축시킨다. 또한, 적응형 거버넌스(Adaptive Governance) 체계를 구축해 급변하는 시장 환경에 민첩한 대응과 전략적 유연성을 확보할 수 있도록 돕는다.

경영지도사가 던지는 핵심 질문은 전략의 실행 가능성과 실질적 성과 도출 초점이 맞춰져 있다. 전략 제안이 아닌, 실제 현장에서 작동 가능한 설계인지에 대한 다각적 검증을 통해 전략과 실행 간의 간극을 줄이고, 복합 문제를 체계화된 구조로 전환한다.

이를 위해 다음과 같은 핵심 요소를 점검한다.

- 고객 가치 제안(Value Proposition) 수익 구조(Revenue Model) 간의 실증적 정합성
- 초기 자본 구조와 인력 구성의 적정성
- 성장 단계별 자원 확보를 위한 실물옵션(Real Option)전략의 적용 여부
- 정량적 임계값(Quantitative Threshold) 기반의 리스크 대응 시나

리오 수립
- 우선순위와 이정표(Milestone)에 따른 실행 솔루션의 통합과 정렬

사업 초기 단계에서 경영지도사가 투입되면, 전략-조직-시장 간의 구조적 불일치를 조기에 식별하고 교정할 수 있다.

이를 통해 자원이 제한된 상황에서도 가치 창출 가능성(Value-Creating Potential)을 기준으로 자원의 최적 배분이 가능해진다.

또한, KPI 대시보드, OKR(Objectives and Key Results), PI(Process Indicator) 등 정량적 관리 체계를 기반으로 실시간 학습 루프(Real-time Learning Loop)를 구축함으로써, 기업은 변화하는 시장 환경에 신속하게 반응하는 전략적 민첩성(Strategic Agility)을 확보하게 된다.

경영지도사의 조기 개입은 단기 실행력 제고를 넘어, 장기적 성장과 적응 가능성까지 설계하는 전략적 토대를 마련하는 데 핵심적인 역할을 한다.

지식 허브(Knowledge Hub)이자 조율형 리더십(Orchestrating Leadership)의 핵심 매개체로서, 창업자가 지속 가능한 경쟁우위를 설계할 수 있도록 전략적 파트너 역할을 수행한다. '전략이 실행에서 좌초되지 않도록' 전사 자원, 프로세스, 문화, 리더십을 통합 조율하는 유기적 연결 고리로 기능한다. ONE TEAM 구조 안에서 이 연결 고리가 빠질 경우, 전략적 일관성은 붕괴되고, 전문가들의 솔루션은 파

편화되어 실행력을 상실하게 된다. 즉, 전략과 실행을 매끄럽게 잇는 구조적 허브가 없다면, 아무리 뛰어난 전략도 실체 없는 설계도에 머무를 수밖에 없다.

"전략 없는 실행은 방황이고, 실행 없는 전략은 환상이다."라는 문장처럼 ONE TEAM과 경영지도사는 이 두 가지 함정을 동시에 극복하는 실천 프레임워크다. 전략이 문서로 끝나지 않고 현장에서 살아 움직이며 성과를 만들어 내도록 설계와 실행, 그리고 변화 관리를 유기적으로 통합한다.

2. '전략의 방어선' 세무사

세무사는 기업의 전략적 의사결정에 있어 재무 안정성과 리스크 완충력을 확보해 주는 핵심 파트너다. 기업경영에서 '세금'은 조용히 다가와 예고 없이 큰 타격을 주는 리스크 영역이다.

오늘은 아무 문제가 없어 보이던 비용 처리 방식이 몇 년 뒤 수천만 원대의 추징금과 가산세, 심지어 세무조사로 돌아오는 사례가 발생한다. 이러한 세금의 세계는 복잡하게 얽힌 법령, 끊임없이 개정되는 조세 정책, 그리고 무엇보다도 얇고 날카로운 '해석의 차이' 속에서 작동하는 고위험 지대다. 이러한 불확실성과 복잡성을 기업 전략 안에서 선제적으로 관리하고 설계하는 전문가가 세무사이다.

세무의 핵심은 '법이 허용하는 범위 안에서 기업의 효율을 최적화하는 것'에 있다. 하지만 그 경계는 명확하지 않다. 회계상 문제없는 항목이 세무상으로는 비용으로 인정되지 않을 수 있고, 법적으로 완전한 계약이 세법 기준에서는 위험 요소가 될 수 있다. 이처럼 실무 관행과 세법 규정의 간극 사이에서 해석 충돌이 발생한다. 이 지점에서 세무사는 절세뿐 아니라 기업 전략이 '세무의 틀' 안에서 합법적으로 작동하도록 구조를 설계하는 역할을 수행한다.

세무사는 전략의 '경계선'을 설계하는 전문가로 대표가 전략을 수립할 때, 다음과 질문을 함께 고려한다.

- 이 비용은 세무상 인정이 가능한가?
- 이 보상제도는 근로소득인가? 기타소득인가?
- 이 지분 이동은 증여세, 양도세, 상속세 중 어떤 과세에 영향을 미치는가?
- 이 계약은 부당행위계산 부인 규정에 저촉될 가능성이 있는가?

이 같은 질문들은 기술적 판단이 아니라 전략의 방향 자체를 바꿀 수 있는 중대한 기준이 된다. 세무적 적정성은 실행 단계의 리스크를 판가름할 뿐 아니라, 전략의 수립부터 설계 원칙을 재정의하는 기준점이기 때문이다. ONE TEAM 구조 내에서 세무사가 초기부터 참여하지 않을 경우, 완성된 전략이 나중에 '비용 인정 불가'라는 한마디로 전면 수정되거나 무효화되는 상황이 발생할 수 있다.

세무사가 '전략의 초입'에서 움직일 때, 기업은 계획부터 '세금의 문턱'을 넘을 수 있는 구조를 갖추게 된다. 이는 사후 대응이 아닌, 사전 설계를 전제로 한 전략 개입 구조를 의미하며, 기업경영의 예측 가능성과 지속 가능성을 높이는 핵심 조건이다. 대부분의 사람들이 세무사의 역할을 '절세'로만 이해한다. 물론 절세는 기본적인 기능이지만, ONE TEAM 구조에서의 세무사는 '전략 수행의 지속 가능성'을 설계하는 조율자다.

전략이 제안되고 설계되는 초기 단계부터 참여하여, 해당 전략이 세법에 맞는지, 예외 규정이 적용 가능한지, 시행 이후 어떤 리스크가 발생할 수 있는지를 진단하고 보완하는 '전략 보완자'의 역할을 수행한다. 많은 전략이 실행되지 못하는 가장 현실적인 이유는 '세금' 때문이다. 비용 인정이 되지 않아 회계상 왜곡이 발생하고, 그로 인해 세무조사 대상이 되거나, 투자자에게 불신을 초래하는 사례는 수없이 반복된다. 전략은 훌륭할 수 있으나, 세무적으로 구조화되지 않으면 실행력을 잃는다. 세무사는 전략의 표면이 아닌 이면을 바라보며, '좋은 아이디어'를 '실현 가능한 실행안'으로 바꾸는 전략조정자다. 전략 전체가 세법이라는 틀 안에서 안정성을 확보하고, 장기적으로 기업의 신뢰와 성장 가능성을 지킬 수 있도록 설계하는 것이다. 눈에 잘 드러나지 않지만, 실제로 전략을 살리는 것은, 보이지 않는 '절세 설계' 즉 법적 리스크를 차단하면서도 실행 가능성을 높이는 정밀한 구조화 작업이다.

ONE TEAM 안에서 세무사의 역할은 전략이 수치와 제도 위에서 설계되어야 지속 가능하며, 모든 의사결정은 세금과 연결되기 때문이다. 세무 리스크는 단기적 대응으로는 통제할 수 없다. 사전 설계와 구조적 예방을 통해서만 전략의 실행력을 확보할 수 있다. 세무사의 초기 개입은 기업이 '오늘을 관리하는 것'이 아니라 '내일을 설계하고 대비할 수 있는 시스템'을 갖추고 있다는 것을 의미한다.

기업 전략을 '법적 리스크 없이, 세무적으로 지속 가능한 구조'로 설계하는 전략 방어선이자 전략이 실제 현장에서 작동할 수 있도록 조율하는 실행 설계자다. 따라서, ONE TEAM이 세무사를 선두에 연결하는 이유는 전략을 지키고 살릴 수 있는 가장 현실적이고 실천적인 출발점이 바로 세무이기 때문이다.

3. '전략의 흐름을 설계하는 분석가' 회계사(CPA)

기업경영은 매일 반복되는 선택의 연속이다.

성과급을 지급할지, 인력을 조정할지, 새로운 투자를 단행할지, 계약을 해지할지를 결정하는 과정에서, 경영자는 본능과 직관으로 방향을 잡지만, 결국 모든 의사결정이 '숫자'로 검증되어야 한다.

회계는 이 숫자들의 언어이며, 회계사는 이를 해석해 전략을 현실로 이어 주는 전문가이다. 많은 기업이 회계를 장부 정리나 결산 업무로 인식하지만, 진정한 회계사의 역할은 보고서를 작성하는 것이 아니라, 기업의 재무 상태를 수치로 진단하고, 미래 전략이 작동할 수 있는 구조로 재편하는 데 있다.

기업은 감정이 아닌 지표로 말한다. 매출성장률, 고정비 비중, 유동성, 자기자본이익율(ROE, Return on Equity), 투자수익율(ROI, Return on Investment) 등과 같은 수치는 기업의 건강과 방향을 객관적으로 보여 준다. 회계사는 이 숫자들을 통해 기업이 어디에서 막히고 있는지, 어떤 선택이 리스크를 유발할 수 있는지를 정확히 포착한다.

ONE TEAM 안에서 회계사는 데이터를 정리하는 데 그치지 않고, '전략의 뼈대'를 세우는 역할을 한다. 전략 수립 단계에서는 현재 자산 구조, 부채비율, 현금흐름 등 기업의 재무 상태를 분석해 현실적 기반을 마련하고, 전략 설계 단계에서는 제안된 계획이 재무적으로 실행 가능한지, 장기적으로 지속 가능한지를 검토한다. 실행 단계에서는 전략이 실제 수치상 어떤 성과를 내고 있는지를 정기적으로 측정하고, 필요한 조정 방향을 제안함으로써 전략의 실효성을 높인다. 또한, 외부와의 소통 과정에서는 투자자, 감사인, 정부 기관 등을 대상으로 신뢰성 있는 재무 보고를 제공하여, 전략이 숫자의 흐름 속에 정착될 수 있도록 돕는다.

회계사는 기업 전략이 현실성과 충돌하지 않도록, 수치 기반의 핵심 질문을 통해 전략을 검증하고 구체화한다.

- 이 전략은 고정비를 얼마나 증대시키는가?
- 현금 유출은 언제, 얼마만큼 발생하는가?
- 손익분기점(BEP)은 어느 시점에 도달할 수 있는가?
- 인건비, 임대료, 감가상각 등 주요 고정 지출 구조는 충분히 견고한가?
- 새롭게 설계된 제도는 회계상 어떤 항목(자산, 부채, 비용)으로 분류되는가?

이러한 질문들은 전략을 실행 가능한 형태로 구조화하고, 실행 가능성을 객관적으로 뒷받침하는 핵심적인 도구가 된다. 회계사는 이 과정을 통해 기업이 '좋은 아이디어'에만 기대지 않고, 수치적 기반에 근거한 전략과 재무 현실 사이의 간극을 사전에 조율하는 설계자로 기능하며, 경영 판단의 신뢰성과 지속 가능성을 높인다.

전략을 해석하는 데 그치지 않고, 스톡옵션 제도를 설계할 때는 비용 인식 여부와 손익 영향도를 분석하고, 성과급 구조를 검토할 때는 수익성과 비용 처리 기준을 조율한다. 투자자 대상 IR 보고를 준비할 때는 EBITDA 등 핵심 지표를 기준으로 설명 구조를 설계하며, M&A 과정에서는 재무 실사를 통해 재무 리스크를 사전에 식별하고, 조직 확장기에는 자본적 지출(CAPEX)과 운영비용(OPEX)의 균형을 예측하여 손익구조 변화를 설계한다. 수치뿐 아니라 전략이 현실에 안착할 수 있도록 뼈대를 세우는 설계자이다.

전략 수립의 순간에도, 위기 대응의 상황에서도, 기업의 체력은 결국 '수치 기반' 위에 세워진다. 예산이 무너지면 조직은 방향을 잃고, 손익이 흐트러지면 투자 신뢰는 떨어지며, 현금흐름이 붕괴되면 어떤 사업 전략도 지속될 수 없다.

회계사는 재무적 지속 가능성을 검토하고, 숫자의 흐름을 감시하며, 전략이 궤도를 이탈하지 않도록 감독하며 전략이 궤도를 이탈하지 않도록 돕는 감시자이자 동반자다.

ONE TEAM 안에서 회계사는 전략을 수치로 연결하는 중간 브레인이다. 세무사와는 절세 전략과 비용 인식 구조를 조율하고, 노무사와는 인건비 설계와 보상제도 검토를 함께 검토한다. 변호사와는 계약 구조의 회계상 인식 가능성을 분석하고, CFP와는 재무제표 흐름과 대표 개인 자산관리를 연계하며, 다양한 전문영역을 하나의 숫자 흐름으로 통합하는 연결자다.

전략은 비전과 방향만으로 완성되지 않는다.
'숫자'로 설계된 전략만이 현실을 견디며 실행을 지속할 수 있다. 회계사는 그 전략이 현실성과 지속 가능성이라는 두 축 위에 설 수 있도록 뼈대를 세우는 전문가다.

4. '조직문화와 전략의 가교' 노무사

기업의 본질은 사람이다. 그리고 그 '사람'이 일하고 협력하고, 성장할 수 있는 공간을 설계하는 것이 노무 시스템이다. 노무사는 법을 해석하는 전문가가 아닌 조직이 건강하게 작동하도록 만드는 '근육 구조의 설계자'이자, 전략이 현실에 뿌리내릴 수 있도록 돕는 '문화적 엔지니어'다.

ONE TEAM 안에서 노무사의 역할은 규정 정비나 법률 자문뿐만 아니라, 전략이 조직 내부에서 작동할 수 있도록 구조화하는 연결자다. '인사 전략'이 조직에 정착되려면, 노무사적 기반 위에 설계되어야 한다. 많은 경영자들은 성과급 제도, 유연근무제, 재택근무, 인재 유치 전략 등 다양한 인사 전략을 구상한다. 하지만 이러한 전략이 실제 직원들에게 '작동'하려면, 법적 리스크를 피하면서도, 조직 문화적으로 수용 가능하며, 현행인사 운영 시스템과 유기적으로 연결되어야 한다.

이를 위해 노무사는 다음과 같은 질문을 통해 전략의 실행 가능성을 검토한다.

- 이 제도는 근로기준법, 산업안전보건법, 남녀고용평등법 등 관련 법규를 충족하는가?
- 내부규정이나 취업규칙은 이에 맞춰 정비되어 있는가?

- 제도 실행 시 불만, 분쟁, 오해를 최소화할 수 있는 커뮤니케이션 구조는 갖춰져 있는가?
- 직원의 사기와 신뢰를 동시에 유지할 수 있는 절차적 정당성(Procedural Justice)은 확보되었는가?

이러한 질문을 바탕으로 노무사는 전략이 '이론'이 아닌, '조직의 현실'로 작동할 수 있도록 구조적 정비를 수행한다.

'만드는 것'이 아니라, 그 제도가 조직 내에서 '살아 움직이도록' 설계하는 것이다. 세무사와는 성과급제도 설계 시, 근로기준법과 소득세법을 함께 검토하여 근로소득/기타소득 구분을 정밀하게 판단하고, 회계사와는 인건비 항목이 재무제표에 어떤 방식으로 반영되는지를 조율한다. 변호사와는 근로계약, 징계, 해고 관련 문서의 법적 정합성과 해석을 점검하고 경영지도사와 조직의 성장 단계에 맞는 인사제도 로드맵을 설계한다. 또한, CFP와는 퇴직금, 복지제도, 연금 등을 대표의 은퇴 설계와 연결한다. 이처럼 다양한 전문가들과 유기적으로 협업하며, '지속 가능한 조직문화'를 구축하는 파트너로 기능한다.

노무사는 법률보다 '현장'을 더 잘 아는 전문가다. '법조문'을 해석하는 사람이 아니라 사람을 이해하고, 제도를 설계하며, 현장을 조율해 전략을 실현시키는 조직 설계자다. 성과평가 제도를 도입하려는 기업에서, 성과 기준이 모호하면 불이익 조치나 해고가 부당해고 소송으로 이어질 수 있다. 복지제도 도입 시, 선택적 복지제도가 오히려 차별 이슈로 불거질 수도 있다. 인턴, 계약직 제도에서는 정규직 전환 기준이 명확하지 않으면 노사분쟁으로 비화될 수 있다. 이처럼 전략 뒤에 숨어 있는 '현장의 사각지대'를 사전에 점검하고, 제도 설계에 현실성과 법적 안정성을 더해 주는 역할을 한다.

ONE TEAM의 전략이 '현장에서 실제로 작동'하려면, 노무사의 현장 감각과 제도 설계 역량이 함께 작동해야 한다. 전략은 제도로, 제도는 문화로 이어져야 한다. 아무리 뛰어난 전략이라도 구성원이 움직이지 않으면 실현되지 않는다. 전략에 대한 저항, 불신, 피로가 누적되면 실행은 좌초되고, 조직은 방향을 잃는다. 노무사는 이 '심리적 리스크'를 이해하고, 제도의 설계와 실행 사이의 간극을 메우는 연결 고리 역할을 수행한다. 기업의 내부 정책 문서의 정합성을 점검하고, 취업규칙과 근로계약을 최신화하여 복지와 보상의 균형 설계한다. 또한, 해고, 징계, 승진 등 민감한 이슈의 법적 리스크를 조율하고, 조직문화와 제도 간 충돌을 사전에 조정한다.

전략은 제도로, 제도는 문화로 이어져야 한다. 그 연결을 설계하는 전문가가 노무사이다.

5. '법적 브레인' 변호사

　기업의 모든 의사결정은 결국 문서로 남는다. 그 문서가 계약이든, 규정이든, 이메일 한 줄이든 결국 법의 언어로 해석될 수밖에 없다.
　이처럼 기업경영은 점점 더 법률과 밀접하게 연결되고 있으며, 법적 감수성과 해석력이 전략의 실행력에 직접적인 영향을 미치는 시대다.
　ONE TEAM 안에서 변호사의 역할은 계약서를 검토하거나 분쟁을 막는 것에 그치지 않는다. 전략이 만들어지는 초기 단계부터 참여하여, 전략이 '법적으로 작동 가능한 구조'를 갖추도록 조율하며, 모든 문서가 기업의 신뢰를 담아낼 수 있도록 설계하는 법률전문가이자 실행설계자다.

　과거에는 법률전문가가 '문제가 생겼을 때' 필요했다. 그러나 오늘날의 기업은, 전략 수립 초기부터 법률적 타당성, 리스크, 이해관계자의 권리 구조 등을 함께 설계해야 한다. 투자계약 체결 시, 대표가 서명하기 전에 지분 희석, 의결권 제한, 우선매수권, 콜옵션 등 복잡한 조항의 구조를 반드시 검토해야 하며, 스톡옵션 계약서 하나에도 근로기준법, 세법, 상법의 교차 해석이 필요하다. 업무협약(MOU), 공급계약, NDA, 임대차계약, 고용계약 등 기업이 작성하는 거의 모든 문서는 잠재적인 법적 해석 대상이다.
　변호사는 문제를 사후에 해결하는 전문가가 아니라, 문제를 사전에 차단하는 전략 해석자다. "이 전략이 법적으로 가능한가?"를 묻는 것이 아니라, "이 전략을 법적으로 안전하게 설계하려면 무엇이 필요한가?"를 함께 고민한다.

변호사는 '기업의 평판'을 지키는 방패다. 법률 리스크는 금전적 손실에 그치지 않는다. 부당해고 논란, 직장 내 괴롭힘, 성희롱, 기술 유출, 공정거래법 위반 등은 소송 이전에 이미 기업의 브랜드와 신뢰를 훼손한다. 법의 언어로 전략을 점검하고 기업의 브랜드와 평판이 무너지지 않도록 제도와 문서를 정비하는 전문가다.

노무사와 함께 인사 문서를 정비하고, 분쟁 가능성이 있는 조항을 사전에 수정한다. 회계사, 세무사와는 자산 이전 시 문서의 법적 요건을 검토하고, 경영지도사와는 M&A, JV, 투자계약 등의 '법률 시나리오'를 사전에 설계한다. CFP와는 상속, 증여, 지분 이동 등 가족 이슈 관련 계약을 정리한다. 법률은 단절된 분야가 아니라, 모든 전략을 연결하고 보호하는 '기초 언어'다. 변호사는 그 언어를 전략 언어로 번역하고, 실행이 문제없이 이루어질 수 있도록 '법적 경로'를 설계하는 전문가다.

법률은 '최종 단계'가 아니라, 전략 설계의 첫 번째 필터다. 리스크 관리는 전략 수립 시점부터 법적 검토를 포함하는 것에서 시작된다. 계약서 문구 하나의 해석 차이로 수억 원대 분쟁이 생길 수 있고, 이사회 회의록, 주주총회 결의서, 정관 수정 등 사소한 문서가 기업의 법적 안정성을 좌우할 수 있다.

- "이 문서는 나중에 법적 분쟁 시, 증거로 기능을 할 수 있는가?"
- "이 계약 내용은 상대방이 다르게 해석할 여지는 없는가?"
- "이 조항이 오히려 기업의 전략적 유연성을 제한하진 않는가?"
- "법적 리스크를 차단할 수 있는 안전장치가 충분히 고려되었는가?"

법적 해석력은 '전략의 명확성'을 높인다. 전략은 실행되어야 하고, 실행은 문서로 남는다. 그리고 그 문서는 해석된다. 변호사는 이 해석의 기준을 사전에 설계하여, 전략이 오해 없이, 충돌 없이 작동할 수 있도록 구조를 정비한다. 투자 유치에는 스톡옵션과 지분계약을 검토해 법적 리스크를 조정하고, 해고, 징계, 경고장 등 노무 이슈에는 법적 형식과 근거를 확보한다. 세무 구조 변경에는 법인 간 계약, 자산 양도 계약을 정비하며, 브랜드와 연결되는 지식재산권 등록 및 사용 계약도 보호 설계한다.

법률은 전략의 시작이자 마지막이다. 변호사는 전략이 법적으로 실행 가능한 구조로 작동할 수 있도록 길을 설계하고, 해석 충돌을 예방하며, 기업의 평판과 미래를 지키는 법적 파트너다. 전략은 결국 법의 언어로 정리되며, 그 언어를 기업의 언어로 번역하는 전문가가 변호사다.

6. '권리 설계자' 변리사

기업의 가장 중요한 자산은 기계, 인력, 자본일 수 있다. 그러나 이 모든 것을 가능하게 하는 핵심은 '아이디어와 권리'다. 기술, 브랜드, 디자인, 서비스 모델, 노하우, 로고, 명칭 등은 눈에 보이지 않지만, 기업의 경쟁력을 좌우하는 무형자산이다. 이 자산들은 창의의 결과가 아니라, 법률과 전략으로 보호될 때 자산이 된다. 그 핵심을 다루는 전문가가 변리사(Patent Attorney)다.

변리사는 기업의 무형자산 전체를 전략적 관점에서 재구성하는 브레인으로 기술과 아이디어가 경쟁력으로 전환될 수 있도록 권리화, 등록, 보호, 활용까지 전 주기를 설계하는 역할을 한다. 기술을 보호하는 것은 출원 절차가 아니라 전략 설계의 문제다. 아이디어 하나를 특허로 등록한다고 해서 곧바로 기업의 경쟁력이 강화되는 것은 아니다. 언제, 어떤 범위로, 어떤 방식으로 보호할 것인가는 기술 자체뿐 아니라, 시장 상황, 경쟁사의 움직임, 투자 유치 일정까지 함께 고려한 복합적 전략이어야 한다. 즉, 기술과 아이디어가 장기적으로 기업의 경쟁력과 가치로 전환할 수 있도록 전략적 구조를 설계하는 전문가다.

많은 스타트업과 중소기업이 간과하는 것이 있다. 기술은 개발했지만, 그 권리가 기업이 아닌 개인에게 귀속되어 있는 경우다. 직원이 개발한 기술인데, 퇴사하면서 자료를 가지고 나가 이를 기반으로 창업하거나 경쟁사로 이직하는 사례도 드물지 않다. 변리사는 기술의 '법적 소유권'을 확보하고 분쟁을 예방하는 전문가로 이러한 사태가 발생하지 않도록 사전에 구조를 설계한다.

직무 발명 제도 설계에 대해 기업이 개발된 기술의 권리를 가질 수 있도록 사내 규정과 계약 체계 정비한다. 공동개발, 외주 개발 계약서에 지식재산권의 귀속을 명시하여, 나중에 발생할 수 있는 권리 분쟁을 원칙적으로 차단한다. 지식재산 실사(IP Due Diligence)를 통해, 투자 유치 전 등록 상태와 권리 구조를 점검하고, 상표와 로고 등 브랜드 자산이 모방·탈취되지 않도록 조기에 대응한다. 또한, 해외 출원 전략을 수립하여 미국, 중국, 유럽 등 주요 시장에 대한 우선심사·PCT 출원 등 맞춤형 보호 체계를 설계한다. 기술은 아이디어에서 시작되지만, 기업의 자산이 되기 위해서는 권리화, 구조화, 보호 전략이 함께 구축되어야 한다.

ONE TEAM 안에서 변리사는 R&D 부서의 보조자가 아니라, 기술과 브랜드를 동시에 설계하는 IP 전략 파트너다.

세무사와 협업해 지식재산권 수익을 저세율 구조로 설계하고, 회계사와는 IP 자산의 장부 반영과 가치 평가를 연계한다. 변호사와는 침해 대응 및 분쟁 대비구조를 마련하고, 경영지도사와는 IP 포트폴리오 기반의 수익화 모델을 함께 설계한다. CFP와는 IP 수익의 상속, 증여, 매각 시 재무·세무·가족 자산 구조를 통합적으로 고려한다. 변리사는 기술과 전략, 권리와 실행, 보호와 수익화를 연결하는 조율자다.

아무리 뛰어난 기술도 등록되지 않으면 법적 보호를 받을 수 없다. 반대로 등록된 기술이라도, 전략 없이 운영되면 시장 경쟁력을 갖기 어렵다. 기업을 보호하는 것은 기술이 아니라 '권리'다. 변리사는 다음과 같은 질문을 통해, 기술이 아닌 기업의 '미래'를 설계한다.

- "상표는 시장 확장에 따라 국제 등록까지 고려되어 있는가?"
- "이 기술이 5년 후에도 경쟁력을 유지할 수 있는 구조인가?"
- "기술 보호 외에도 사업모델 전환에 기여할 수 있는가?"
- "경쟁사 대비 기술 우위는 무엇이며, 그 핵심이 등록되었는가?"
- "브랜드 보호는 소비자 신뢰와 어떻게 연결되는가?"

변리사는 기술을 기업의 미래로 연결하는 전략 엔지니어로서, 기술 자체가 아닌 그것의 보호, 활용, 사업화 여부가 기업의 성패를 좌우하는 중심에 선다.

7. '인생 설계의 조력자' 국제공인재무설계사(CFP)

CFP(국제공인재무설계사)는 ONE TEAM 구조에서 대표 개인의 삶과 기업의 전략을 하나의 흐름으로 연결하는 최종 연결 고리이자 균형추다.

  회계사·세무사가 기업의 수치와 과세 구조를, 노무사가 제도와 조직을, 변호사·변리사가 법률과 권리를 다룬다면, CFP는 이 모든 판단이 도달하게 되는 '대표 개인-가족-기업 생애 주기' 전체를 금융의 흐름 위에 재설계하는 전문가다. 즉, 사업의 성장이 대표의 삶에 미치는 영향과 대표 개인의 결정이 기업의 방향에 불러오는 파장을 읽어 내고 설계하는 통합 파트너다.

  국제 CFP 보드(US CFP Board)는 CFP에게 세무, 법무, 투자, 보험, 부동산, 상속·증여, 은퇴 설계를 포함한 여섯 가지 이상의 분야를 유기적으로 통합할 수 있는 역량을 요구한다. 이는 CFP가 자산 전반에 걸친 재무 의사결정을 설계하고 조율하는 '재무 거버넌스 설계자'임을 뜻한다. 이러한 역할을 수행하기 위해, 국제 CFP 보드는 교육 및 윤리 기준을 통해 다음과 같은 전문성과 통합적 사고를 갖출 것을 요구한다.

  첫째, 스톡옵션 행사, 자사주 매각, 패밀리오피스 설립, M&A 엑시트(Exit), 퇴직 설계와 같은 주요 이슈들이 시간적 흐름, 세제 효과, 법적 파장 측면에서 충돌하지 않도록 종합적으로 시뮬레이션하고, 최적의 실행 시나리오를 설계해야 한다. 이러한 복합적 의사결정을 하나의 흐름으로 정리하고 구조화하는 것이 CFP의 본령이다.

둘째, 대표 개인과 법인의 재무 흐름을 구조적으로 분리하면서, 전략적으로 연계한다. 창업 초기에는 법인·개인 계좌 혼용, 담보 제공의 불명확성 등 구조적 불안정성이 자주 발행한다. 이를 해소하기 위해 다음과 같은 다층적 재무구조를 설계한다.

개인 자산과 기업 자금 계좌를 명확히 분리하고, 대표의 퇴직연금(DB/DC/IRP)과 법인의 퇴직충당금을 연계 조정한다. 패밀리홀딩스를 활용해 지분 및 부동산 현물출자 구조를 설계하고, 비상장주식의 유동화(SEC Event Liquidity)를 위한 사전 계획을 수립한다.

이 과정에서 세무사와 공제 항목과 가산세 리스크를 조율하고, 회계사와 자산 평가 및 유동성 타이밍을 관리하며, 변호사와는 신탁 및 증여 계약의 법적 정합성을 점검한다. 각 전문영역의 해석과 판단을 하나의 실행 시나리오로 통합하는 중심에 CFP가 있다.

셋째, 모든 전략적 의사결정에 '생애 위험 레이어(Life Risk Layer)'를 삽입한다. R&D 투자 확대, 해외법인 설립, 자산 M&A 등은 고위험·고레버리지 이벤트다. 그러나 이러한 결정은 기업의 성장을 견인하는 한편, 대표 개인에게는 과도한 담보 설정, 보증채무 부담, 현금흐름 불안정 등 중대한 재무 리스크로 전이될 수 있다.

CFP는 기업의 현금흐름표만을 검토하는 것이 아니라, 대표의 사적 재무제표(가계 재무상태표, 은퇴 자금 계획, 자녀 교육자금 등)까지 함께 업데이트하며, 전략적 결정이 개인의 리스크 감내 한도와 정합성을 이루도록 설계한다. 이를 통해 '퍼스널 VAR(Value at Risk)' 프레임을 구축하여, 기업의 경영 판단이 대표 개인의 삶 전반에 미치는 영향을 사전에 진단하고 그 리스크를 구조적으로 흡수하거나 분산시킬 수 있는 방안을 제안하는 것이다.

넷째, 전략을 제안하는 데 그치지 않고, 실행 가능한 체계를 설계한다. 다음의 7단계 PDCA 사이클을 기반으로 전체 재무 전략 과정을 구조화한다.

목표 정의 → 데이터수집 → 시뮬레이션 → 조정안 합의 → 실행 → 모니터링(Review) → 리밸런싱으로 이어지는 7단계 PDCA 사이클은 단발성 컨설팅이 아닌, 지속 가능한 실행력 확보 체계다. 특히, 각 단계마다 회계사, 세무사, 변호사, 노무사, 변리사 등 분기 또는 반기 단위로 참여하며, 최신 데이터와 법령, 시장 동향 등을 전략에 반영하고 정기적으로 업데이트한다. CFP는 이 전체 사이클의 '주기적 체크 포인트'이자 실행력을 견인하는 엔진이자 전문가 협업을 하나의 전략 흐름으로 통합하는 조율자다.

다섯째, 윤리적 기준과 규정 준수 차원에서 CFP는 거버넌스의 '투명성 설계자'로 작동한다.

CFP 보드 기준(CFP Board Standards)은 이해 상충 가능성을 철저히 사전 진단하고, 해당 위험이 발견될 경우, 반드시 공개 및 조정 의무를 부여한다. 대표 개인의 자산 운용사와 법인의 투자 파트너인 VC(벤처캐피털) 간의 인센티브 충돌, 또는 가족 구성원의 자산운용 방식이 기업의 전략적 의사결정에 영향을 미치는 경우 등 복합적 이해관계 충돌 구조에서 CFP는 중립적 관점에서 리스크를 조율하고, 문서화된 윤리 기준에 따라 사전 대응을 설계한다.

CFP는 기업과 대표, 가족의 생애 재무를 통합 설계하여 전략의 균형과 실행력을 높이는 핵심 아키텍트다. 사람과 기업, 미래를 연결하는 조율자로서 지속 가능성과 리스크 대응력을 확보하고, 재무 흐름과 법적 구조를 생애 주기 전반에 걸쳐 정합성 있게 설계한다.

3장
ONE TEAM은 어떻게 작동하는가

(3장)

개별 자문을 넘어, 통합 설계로

기업 전략이 현실에서 작동하기 위해서는 기획이 아니라, 실행 가능한 구조가 필요하다. 회계·세무·법무·노무 등 다양한 전문 자문이 각자의 영역에서 유효하더라도, 그것들이 서로 연결되지 않으면 전략은 실행력을 상실하게 된다. 전략은 실행을 가능케 하는 구조적 설계이며, 이때 핵심은 전문가들이 하나의 전략 흐름 안에서 조율되고 정렬되는 협업 체계를 구축하는 데 있다.

ONE TEAM은 이러한 실행 중심 전략 구조를 가능하게 하는 협업 방식이다. 각 분야의 전문가들이 분업적 자문자가 아닌, 전략 공동 설계자이자 실행 파트너로서 참여하며, 해석의 차이, 책임의 분산, 조직 수용성 등의 문제를 사전에 통합적으로 조율한다. 전략 수립부터 실행까지 전 과정을 연결하는 이 구조는, 개별 조언이 아닌 통합 설계를 통해 조직을 실제로 움직이는 힘이 된다.

1. ONE TEAM의 철학: 통합적 사고와 실행 중심

　기업경영에서 전략은 목표를 설정하고 방향을 제시하는 것으로 끝나지 않는다. 전략은 '실행 가능한 형태'로 구체화되어야 하며, 조직 내에서 실제로 작동해야 한다. 하지만 많은 기업들은 여전히 전략을 '기획'의 단계에 머무르게 한다. 실행력, 현장의 수용성, 리더십의 관여 없이 문서화된 계획은 실제 운영 단계에 이르기도 전에 무력화된다. 그 결과, 전략은 현장과 단절되고 실행 단계에서 혼란과 저항을 유발하며 결국 성과 없는 계획서로만 남는다.

　전략이 실패하는 원인은 내용이 아닌, '실행 구조의 부재'에 있다. 따라서, 전략은 책상 위에서 끝나선 안 되며, 현장과 연결되고, 실천될 수 있도록 설계되어야 한다.

　ONE TEAM의 철학은 바로 이 실행 가능성의 문제에서 출발한다. 전략이란 "무엇을 할 것인가?"를 정하는 것이 아니라, 그것을 "어떻게 실행 가능한 방식으로 정렬할 것인가?"에 대한 설계다. 이 실행 가능성은 개별 전문가의 시야나 특정 기능 부서의 노력만으로 확보될 수 없다. 회계적 정합성, 세무상 유효성, 법적 안정성, 인사 제도상의 수용성, 조직문화와의 적합성, 그리고 중장기 전략 방향과의 정렬이 함께 충족되어야 비로소 전략은 실체를 갖게 된다.

　핵심은 각 분야 전문가들의 지식이 파편화되지 않도록 통합하여, 전략이 문서를 통해 현장에서 실제로 작동하고 조직에 정착되도록 설계된 실행 중심의 전략 설계를 구축하는 데 있다.

　기업들은 세무, 법무, 회계, 노무, 전략 등 다양한 분야의 전문가와 자문 관계를 맺고 있다. 각 자문은 높은 전문성과 타당성을 지니고 있지만, 문제는 이 자문들이 대부분 개별적으로 작동하며 전략적 의도 안에서 통합되지 못한다는 데 있다. 전문가들의 의견이 모여 있음에도 불구하고, 이를 하나의 실행 전략으로 조율하고 연결하는 통합 설계자가 부재할 경우, 전략은 결국 현장 실행으로 이어지지 못하고 중간에서 멈추게 된다. 그 결과, 필수적인 전문성이 많을수록 '하나의 실행 전략' 안에서 조율되지 않으면 오히려 혼선과 충돌을 초래할 수 있는 역설이 발생한다.

　예를 들면, 기업이 하이브리드 근무제를 도입하려 할 때, 여러 전문 영역의 유기적 협업이 필요한 복합 과제다. 노무 측면에서는 근무시간 기준 설정과 재택근무자 관리 체계 구축이 필요하고, 회계 측면에서는 고정비 절감과 장비 자산 처리 문제가 발생한다. 세무 측면에서는 비용 인정 여부와 과세 이슈가 고려되어야 하며, 법률 측면에서는 근로계약서의 조정, 개인정보 보호 강화 등이 요구된다. 동시에 경영 전략 관점에서는 팀워크 약화, 생산성 저하, 조직문화 변화 등 비재무적 리스크도 종합적으로 검토되어야 한다. 이처럼 하나의 제도 변화조차도 각 전문영역이 분절된 방식으로 접근하면 각 영역은 부분 최적화에 머물고, 전체 전략은 실행력을 잃고 조직 내에서 혼선과 저항을 불러오게 된다.

ONE TEAM은 모든 자문을 전략적으로 통합·정렬하여 실행 가능한 형태로 구조화하는 것이다. 해석 차이, 책임 범위의 중첩 또는 공백, 우선순위의 충돌, 조직 수용성의 문제까지 고려하여, 모든 자문을 '하나의 전략 언어'와 실행 캘린더로 설계하는 실행 중심에 있다.

이를 통해 대표가 모든 자문을 스스로 해석하고 실행 계획으로 연결해야 하는 부담을 덜어 주며, 전문가·조율자·경영자가 함께 설계하고 운영하는 공동 전략 시스템으로 전환한다. 핵심은 전문가의 수나 자문 횟수를 늘리는 것이 아니라, 자문 들이 어떻게 연결되고, 어떻게 실행의 언어로 정렬되며, 어떤 관점에서 전략화되고 있는가에 대한 사고방식의 전환이다. 전략의 실행 가능성, 법률적 적합성, 회계·세무 처리, 조직 수용성, 장기적 정렬 여부 등 실행 중심의 질문을 기반으로 전략을 문서에서 실천 계획으로 완성해 간다. 결국 전략은 '자문'이 아닌, 실행을 가능하게 하는 '구조'여야 하며, 조직 전반에 통합 운용체계로 실질적으로 작동해야 한다.

제도 도입을 자문 절차로 끝내지 않고, 각 분야의 전문성을 하나의 실행 가능한 전략으로 통합하는 것이다. 전방위적 실행 시뮬레이션을 통해 제도가 실제 현장에서 작동하도록 완성도를 높이며, 제안을 나열하는 것이 아니라 실현 가능한 정책으로 구체화하는 방식이다. 각 전문가는 자신의 영역에서 독립적으로 판단하는 것이 아니라, 전체 전략 흐름 속에서 유기적으로 연결된 역할을 수행한다. 이 과정에서 서로의 해석과 판단에 상호 피드백을 주고받으며, 해석의 차이를 조율하고 판단의 방향을 정렬해 간다. 그렇게 조율된 전략은 실행 가능성과 지속 가능성을 동시에 확보한 조직의 실질적 경쟁력으로 작동하게 된다.

자문을 받는 방식이 아닌, 전략을 '실행 가능한 형태'로 조율하고 구체화하는 협업 구조이다. 실행력 있는 전략은 자문 내용의 '수준'보다, '그 자문들이 어떻게 연결되어 작동하는가'에 달려 있다. 아무리 수준 높은 자문이라도 개별적으로 흩어져 있다면 기업에 혼란을 초래할 수 있다. 반대로 각 자문이 전략적 방향 아래 정교하게 조율되면, 그것은 조직을 움직이는 실질적 동력이 된다. ONE TEAM은 각 분야의 전문가를 자문이 아닌 전략 공동 설계자이자 실행 파트너로 참여시키는 실전형 협업 구조를 지향한다.

이제 대표에게 중요한 것은 자문을 '많이 받는 것'이 아니라, 그것들을 '어떻게 연결하고 정렬할 것인가'이다. 그리고 그 전략이 조직 내에서 실제로 작동하도록 설계하는 능력이 경영 역량이다. 실행되지 않는 전략은 반복되는 실패를 낳고, 그 원인은 자문 내용 자체보다, 각 자문 간의 단절과 실행 가능성을 고려하지 않은 설계 방식에 있다. 방향을 제시하고 조직 내에서 실제로 작동할 수 있도록 정렬되고 구체화되어야 한다. 이를 위해 각 전문가는 자신의 영역에만 머무르지 않고, '실행 가능성'이라는 공통 기준 아래 서로의 판단을 연결하고, 조율하여 통합된 전략을 완성한다.

예를 들어, 기업이 유연근무제와 복지 포인트 제도를 도입하려 할 때, 회계사는 예산 구조와 회계 처리 방식을 검토하고, 세무사는 과세 여부와 세무 리스크를 판단하며, 노무사는 법적 정합성과 직원 수용성을 점검한다. 변호사는 근로계약서 조항과 내부규정 개정을 설계하며, 경영지도사는 해당 제도가 조직의 핵심 가치 및 브랜드 이미지와 어떻게 정렬되는지를 분석한다. 이처럼 ONE TEAM은 각 전문영역이 단절되지 않고 유기적으로 연결된 실행 구조를 공동으로 설계하는 협업 방식이다. 각 전문가가 자신의 영역뿐만 아니라 서로의 판단과 영향 범위를 조율하며, 제도 도입의 목적과 효과를 극대화할 수 있도록 통합된 실행 설계를 완성한다.

ONE TEAM의 전략 실행 방식은 각 전문가가 자신의 역할과 모든 판단이 '실행 가능성'이라는 공통 목표 아래 조율되며 상호 피드백을 주고받는 구조다. 실행 중심 전략은 전문가들이 전략을 공동 설계하고, 실행 과정과 결과까지 함께 책임지는 협업 체계이다. 전략 수립 단계에서 정책 정합성(내부규정 및 법률의 일치 여부), 실무 실행성(회계·세무·노무 등 현장 적용 가능성), 조직 수용성(구성원이 납득하고 실행할 수 있는지)이라는 세 가지 핵심 기준을 통합적으로 검토한다. 이를 통해 기업은 제도 도입 시 시행착오를 최소화하고 신속한 실행력과 리스크 관리라는 전략적 이점을 동시에 확보할 수 있다.

 자문의 깊이나 전문성보다 더 중요한 것은 그것이 실제로 작동하는 전략으로 통합되어 있는가이다. 전략과 실행을 동시에 고려하며, 전문가들이 끝까지 함께 움직이는 '설계 중심 팀워크'를 통해 실행 가능한 전략을 공동 설계하고 책임지는 구조가 핵심이다. 전문가들이 모였다는 사실보다, 그들이 하나의 전략적 시야를 공유하고, 그 사고가 실행력 있는 설계로 유기적으로 연결되는지가 중요하다.

 '생각의 연결'은 각기 다른 기준과 언어 대신 기업 전략이라는 공통 언어를 바탕으로 판단을 정렬하는 것이다. 정답보다는 해석과 조율을 통해 도출된 실행안이 핵심이며, '실행의 설계'란 자문이 추상적 제안에 머무르지 않고 현장에서 바로 적용될 수 있는 구체적인 실행 시나리오로 진화하는 과정을 뜻한다. 전문가 자문이 서로 충돌하거나 해석의 부담이 대표에게 집중되는 구조로는 복잡한 환경에서 실질적인 성공을 기대하기 어렵다.
 따라서 자문은 독립된 단위가 아니라 다른 전문가의 판단과 연결되어 전략이라는 구조 안에서 실행 가능성을 기준으로 조정되는 '설계 요소'가 되어야 한다. 제안이 아닌 실행 가능한 해법, 역할 분리가 아닌 공동 설계를 통해 완성된 구조적 전략이야말로 기업 경쟁력을 좌우하는 핵심이다.

ONE TEAM은 전략과 실행의 간극을 해소하고, 통합적 사고와 공동 설계를 통해 실행 가능한 전략을 완성하는 데 있다.

전문가들이 일회성 자문이 아닌 전략의 실전 파트너로 협력하는 실행 중심의 협업 구조이다. 이를 통해 기업은 전략이 '계획'에 머무르지 않고 실제 '현장'에서 효과적으로 작동하는 구조적 경쟁우위로 전환될 수 있다.

2. 순차적 해석의 구조: 팀 구성과 역할 분담

기업이 외부 전문가를 활용해 온 전통적 방식은 회계, 세무, 노무, 법무, IP, 재무 설계 등 각 분야별로 분리된 기능 중심의 분업 체계에 기반해 있다. 이러한 접근은 개별 리스크 대응에는 효과적일 수 있으나 전문가들의 자문이 통합되지 않을 경우, 실행 가능한 전략으로 연결되지 못하는 한계를 가진다. 오늘날의 경영 환경은 융합적 리스크 대응, 실시간 전략 조정, 다분야의 동시 실행을 요구한다. 그러나 각 전문영역이 독립적으로 작동할 경우, 단절 지점에서 전략적 공백이 발생하고, 의사결정의 일관성이 무너지며, 실행력이 저하된다. 이는 실행 혼선, 핵심 리스크 누락, 책임 회피로 이어질 수 있다. 이러한 구조적 한계를 해결하기 위해서는, 각 전문가가 기존의 분업적 사고에서 벗어나 기업 전략이라는 '공통 언어'를 중심으로 자신과 타 전문가의 역할을 재정의해야 한다.

ONE TEAM은 전략적 협업의 출발점으로 '전략 프레임 공유'를 설정하고, 이를 위해 RACI(Responsible-Accountable-Consulted-Informed) 매트릭스를 기반으로 각 전문가의 책임과 역할을 명확히 한다. 전략기획부터 투자 결정, 조직 제도, 지분 구조, 세제 설계에 이르기까지 각 단계별 권한과 책임을 정밀하게 재배치한다.

또한 전문가 간 업무 및 정보 흐름의 의존 관계를 시각화하기 위해 Design Structure Matrix(DSM)를 활용하며, 이 구조 안에 사전 검증 레이어를 내장함으로써 회계사와 세무사 등 각 영역 간 충돌 가능성을 사전에 식별하고 조율할 수 있는 체계를 마련한다.

모든 전략 정보와 데이터는 단일 출처(SSOT, Single Source of Truth)로 통합되어, 실시간으로 정합성과 일관성을 확인할 수 있도록 설계된다. 이러한 구조 기반은 전략 실행 과정에서의 병목을 최소화하고, 전문가 간 유기적 협업을 가능하게 하는 실행 전략의 핵심 조건으로 작동한다.

각 전문가의 포지션과 그 결합 지점은 전략 구조에서 유기적 협업을 가능하게 하는 핵심축이다.

회계·세무·법무·노무·재무 설계 등 각 전문가는 고유한 언어와 시각, 그리고 판단 기준을 지니고 있지만, 하나의 전략적 흐름 속에서 상호 연계된 역할을 수행한다. 전략이라는 공통 언어 아래 각자의 전문성을 유기적으로 연결함으로써, 파편화되지 않은 통합적 사고와 실행이 가능해진다.

- 공인회계사(CPA)는 전략의 실행 가능성을 '숫자 언어'로 검증한다. 예산 구조, 손익 전망, 현금흐름 분석을 통해 기획의 지속 가능성을 점검하고, 세무사·노무사와 협업하여 인건비 변수와 회계 인식 시점을 정밀하게 설계한다. 실행 단계에서의 재무 리스크를 사전에 조율하는 안전장치 역할을 한다.
- 세무사는 조세 절감뿐만 아니라, 미래 리스크까지 고려한 비용 구조 설계자로 기능한다. 각종 세액공제와 감면 시뮬레이션을 통해 회계사와의 수익 간극을 최소화하고, 변호사와 협력하여 계약서의 세무상 효력을 사전에 점검함으로써, 법적 리스크를 최소화한다. 전략의 재무 설계 단계에서 중장기 조세 안정성을 확보하는 핵심 역할을 한다.
- 노무사는 제도의 합법성 검토와 해당 제안이 실제 조직 내에서 실행 가능하도록 설계한다. 평가·보상 체계의 수용성, 근로 시간 데이터의 정합성 등을 점검하며 회계사·세무사·변호사와 유기적 연계를 통해 제도의 실효성과 실행력을 높인다. 법적 타당성과 실무 적용성의 경계를 조율하는 실행 설계자 역할을 한다.
- 변호사는 실행 과정에서 발생할 수 있는 리스크를 사전에 봉쇄하고, 전략의 안정성을 확보하는 법적 트랙 설계자이다. 계약 조항, 규제 대응, 데이터 프라이버시 등을 검토하며, 변리사와 IP 전략, 세무사·회계사와는 계약 구조에 따른 자산·세무 효과를 동시에 점검한다. 법률 리스크를 실행 전략 안에 통합적으로 관리하는 조율자 역할이다.
- 변리사는 기술·브랜드·디자인 등 무형자산을 전략적 레버리지로 전환하는 설계자다. 기업의 수익 구조와 연결되도록 특허 세제, 무형자산 회계 기준, 라이선스 계약 조항과의 정합성을 설계하며, 회계사·세무사·변호사와 유기적으로 협업해 자산 가치를 극대화하는 실행 전략을

완성한다.
- 국제공인재무설계사(CFP)는 기업의 재무 전략과 대표 개인의 재무 목표가 충돌하지 않도록, 공적·사적 재무 흐름을 통합 적으로 조율한다. 지분 매각, 퇴직금, 상속·증여 설계 등의 시뮬레이션을 통해 회계사, 세무사, 변호사와 연계하며, 대표 개인의 재무적 안정성과 기업의 지속 가능성을 함께 설계한다.
- 경영지도사(전략 PMO)는 기업 전체 전략의 일관성을 유지하도록 통합적 서사와 실행 흐름을 설계하고 조율한다. OKR, BSC, KPI 등 전략 언어를 매개로 각 분야 전문가의 분석을 하나의 전략 로드맵으로 정리하고, 실행 캘린더와 리스크 매트릭스를 시각화함으로써 대표의 판단을 지원한다.

ONE TEAM의 협업은 'Gate 실행 프로토콜'이라는 구조화된 절차를 통해 단계별로 정교하게 진행된다. 각 전문가의 깊은 해석과 전문성을 존중하면서도, 전략이라는 하나의 시야 안에서 모든 판단과 설계를 통합하는 협업 체계를 구축한다.

- Gate 0 – 전략 브리핑단계: 대표의 비전과 재무 한도, 시장 내 주요 마일스톤을 경영지도사가 정제하여 공유할 수 있는 공통 문맥으로 정립한다. 이 과정을 통해 ONE TEAM은 동일한 전략적 좌표 안에서 출발할 수 있는 기반을 마련한다.
- Gate 1 – 기능별 1차 해석단계: 각 전문가는 자신의 언어로 전략 안에 내재된 위험 요소, 비용 구조, 규제와 세제, 권리관계 생애 재무 영

향도 등을 해석해 단일 데이터 저장소(SSOT)에 업로드한다. 이 단계는 각자의 전문성을 깊이 있게 반영하면서도, 전체 전략 구조 내 통합을 준비하는 과정이다.

- Gate 2 – 교차 검증·충돌 해소 단계: Design Structure Matrix(DSM)를 기반으로 전문가 간 상호의존성이 높은 항목을 중심으로 검증 워크숍을 실시한다. 이때 중복되거나 충돌하는 해석을 조율하고 실행 구조 또한 현실에 맞게 조정한다.
- Gate 3 – 결정·로드맵 확정 단계: 대표는 정량적 분석과 정성적 판단이 통합된 실행안에 최종 서명하고, 동시에 KPI, 예산, 리스크맵이 확정되어 실행 단계로 전환된다. 이로써 전략은 추상적 구성에서 벗어나, 실질적 실행력을 갖춘 경영 설계도로 완성된다.

이 네 단계는 분기 단위로 반복되는 순환 구조로 운영된다. 실행 과정에서 생성된 데이터는 다시 단일 데이터 저장소(SSOT)로 환류되며, 전략이 실시간으로 보정된다. 즉, 전략은 한번 수립하면 끝나는 고정된 계획이 아니라, 계속 진화하며 작동하는 설계 구조로 유지된다. 이러한 구조 속에서 ONE TEAM은 전략의 흐름을 지속적으로 갱신하고 구체화하는 실행 파트너로 작동한다.

현대 조직의 전략 경쟁력은 전문가 간 연결의 품질에 의해 결정된다. ONE TEAM 모델은 각 전문가 자신의 전문성 깊이 유지하면서도, RACI(책임 구조), DSM(의존 관계 시각화), SSOT(단일 데이터 출처)라는 3중 설계 체계를 통해 자문의 병렬 나열이 아닌, 하나로 통합된 전략 설계를 가능하게 한다.

이 구조 속에서 전문가의 역할은 직무 타이틀로 규정되지 않는다. '어떤 판단을 책임지는가', '누구와 언제 연결되는가'라는 전략적 포지션으로 효과적인 팀 구성의 본질은 직역 구분이 아니라 유기적인 조율 아키텍처다. 이 조율 능력이 확보될 때, 기능별 분업은 서로의 해석이 조화를 이루는 통합된 전략 실행이라는 합주로 진화하게 된다.

ONE TEAM의 경쟁력은 각 전문가의 판단이 전략적 흐름 안에서 목적 지향적으로 정밀하게 연결되어 있는가에 있다. 필요한 것은 전략의 방향성에 따라 전문가들의 역할이 유기적으로 조율된 통합 구조다. 기능별 병렬 분업이 아니라, 전문가 간 순차적 해석과 상호 조율을 전제로 설계된다. 각 전문가는 앞선 전문가의 해석을 참고하고, 자신의 판단이 다음 단계와 연결되도록 설계한다. 전문성이 각자 고립되지 않고 하나의 전략 축 안에서 정렬될 때, 기업은 단편적 자문이 아니라 통합된 전방위 실행 전략이라는 도구를 확보할 수 있다.

3. 커뮤니케이션과 운영 시스템

ONE TEAM은 전문가들이 모여 있다고 해서 자동으로 협업이 이뤄지는 구조가 아니다. 전략이 유기적으로 연결되기 위해서는, 그보다 먼저 '사람'이 연결되어야 한다. 실행 중심의 협업이 제대로 작동하려면, 기술적 도구나 절차에 앞서 정서적 안정성과 상호 존중의 문화가 전제되어야 한다. 이는 친밀감을 의미하는 것이 아니라, 서로의 관점과 판단을 신뢰할 수 있는 관계에서 출발한다. 협업의 시작점은 관계이며, 관계가 구축되어야 전략이 연결된다.

지속 가능한 협업을 가능하게 하는 힘은 '정답을 맞히는 대화'가 아니라, '다름을 존중하는 대화'에 있다. 전문가들은 각기 다른 언어, 판단 기준, 논리 체계를 갖고 있기 때문에, 그 차이를 인정하고 이해하려는 정서적 연결 없이는 협업은 구조적으로 작동하기 어렵다.

협업은 역할의 경계를 허무는 것이 아니라, 각자의 전문성과 고유성을 존중하면서도 공동의 목표를 향해 배려와 이해를 바탕으로 조율하는 과정이다. 다름을 충돌로 인식하는 순간 협업은 벽에 부딪히고, 다름을 시너지로 전환할 수 있어야 전략적 협업의 가능성이 열린다.

ONE TEAM이 기능적으로 되기 위해 가장 먼저 갖춰져야 할 것은 감정적 안전지대다. 사람들 사이에 신뢰가 없으면 어떤 전략도 작동하지 않는다. 감정적 안전지대란 친밀한 분위기가 아니라 구성원들이 자신의 생각과 의도를 오해 없이 표현하고, 서로의 언어를 정확히 해석할 수 있는 정서적·언어적 기반을 의미한다. 이 기반이 마련되어야 정보는 실행 가능한 전략으로 설계될 수 있다. 협업의 구조는 결국 사람 간의 신뢰 위에 세워질 때 지속 가능한 전략 시스템으로 진화한다.

그러나 협업은 감정에서 출발하지만, 그것을 지속 가능하게 만드는 힘은 '시스템'이다. 이제는 팀워크를 '좋은 관계'나 '분위기'의 문제로 접근하는 것보다 작동 가능한 협업 구조로 어떻게 설계할 것인가에 대한 전략적 사고가 요구된다. 감정적 신뢰가 협업의 출발선이라면, 그것을 실제 전략으로 전환하는 일은 체계적 시스템이 담당해야 할 영역이다. 전문가들이 협업하는 과정에서 드러나는 관점의 차이는 흔히 갈등이나 충돌로 인식되지만, 그것은 오히려 정상적이고 바람직한 현상이다. 변호사는 법적 리스크를 우선시하고, 세무사는 수치와 규정을, 노무사는 조직 내 실행 가능성을 살핀다. 경영지도사는 이 모든 요소를 전략적 균형 안에서 조율한다. 각자가 다른 판단 기준을 갖는다는 사실은 협업의 약점이 아니라, 전략을 입체적으로 설계할 수 있는 자산이 된다.

ONE TEAM은 전문가 간의 '다름'을 갈등의 요소가 아닌 조율 가능한 다양성으로 전환시키는 구조다. 협업 과정에서 판단이 엇갈릴 수 있지만, 그 상황에서 핵심은 '누가 맞는가'가 아니라, '왜 다른 해석이 나왔는가'를 함께 이해하려는 태도다. 이 과정을 통해 전략은 깊어지고, 현실의 맥락 속에 뿌리내릴 수 있는 구조로 진화한다.

협업은 전문가의 해석이 고립되지 않고, 기업 전략이라는 공통의 틀 안에서 유기적으로 이어질 때, 실행 가능한 전략으로 전환된다. 다양한 판단과 해석을 충돌 없이 통합 가능한 흐름으로 연결하려는 태도와 이를 가능하게 만드는 구조가 전략적 협업의 출발점이다.

아무리 유능한 전문가들이 모여 있어도, 그 사이에 신뢰와 존중이 축적되지 않으면 팀은 작동하지 않는다. 그리고 이 신뢰는 자격이나 경력에서 비롯되는 것이 아니라, 일상의 태도와 행동에서 서서히 쌓인다. 상대의 말을 경청하는 자세, 정보를 감추지 않는 투명성, 작은 의견도 존중받는 경험 이러한 일상의 반복이 쌓일 때, 구성원들은 '이 관계 안에서 협업이 가능하다'라는 신념을 갖게 한다. 이처럼 작고 구체적인 성공을 함께 경험하고 공유하는 과정은 신뢰를 더욱 공고히 만들고, 그 신뢰는 결국 협업의 내구성으로 이어진다. 그리고 이 신뢰 위에서 작동하는 것이 바로 '조율의 문화'다. 조율은 누군가를 설득하거나 이기기 위한 과정이 아니라, 서로의 입장을 이해하고, 공동의 목표를 향해 최적의 균형점을 찾아가는 협업 방식이다.

ONE TEAM은 전문가 간 관점 차이를 예외가 아닌 전제로 받아들인다. 모든 의견의 일치나 완벽한 합의를 요구하지 않으며, 중요한 것은 차이를 제거하는 것이 아니라, 공통된 전략적 방향성 안에서 어떻게 해석하고 조정할 것인가에 있다. 합의는 때로 불편한 진실을 회피하는 도구가 되기도 하지만, 조율은 차이를 인정한 상태에서 공동의 목표를 향해 각자의 판단을 능동적으로 조정하는 과정이다. 이를 가능하게 하는 핵심은 심리적 안전성이다. 실수와 질문이 허용되고, 피드백이 비난이 아닌 성장의 언어로 작동하는 환경에서만, 전문가들은 위축되지 않고 적극적으로 참여할 수 있다. 전략의 완성도는 기술이나 전문성 이전에, 서로 다른 해석이 마주할 수 있는 성숙한 관계에서 비롯된다. 그러나 감정과 관계만으로는 협업이 지속될 수 없다. 신뢰가 아무리 두텁더라도, 그것이 전략과 실행이라는 흐름 안에 구조화되지 않으면 협업은 어느 순간 단절된다.

이때 필요한 시스템은 자료 저장소나 협업 툴이 아니다. 전문가들이 동일한 전략적 맥락 안에서 사고하고 판단할 수 있도록 돕는 해석 기반의 인프라다. 전략 커뮤니케이션은 실행 우선순위의 조정과 전략 방향의 재정렬을 가능하게 하는 전략 조율 도구로 기능해야 한다. 신뢰를 바탕으로 한 관계와 전략적 일관성을 유지하는 시스템이 함께 작동할 때, 협업은 실행력을 갖춘 전략으로 전환될 수 있다.

기업에서 자문 시스템이 실패하는 근본 원인은 전문가의 역량 부족 때문이 아니다. 문제의 핵심은 정보가 단절되고 전략이 분산되는 구조적 결함에 있다. 각 전문가들은 자신의 영역에서 타당한 자문을 제공하지만, 그 자문들이 병렬적으로 흘러가거나 서로 충돌하게 될 때, 기업은 방향을 잃고 혼란과 비효율 속으로 빠져든다. 이처럼 자문 시스템이 제 기능을 하지 못하는 가장 큰 이유는 자문의 질이 낮아서가 아니라, 자문들을 하나의 전략 흐름으로 통합하고 조정하는 조율자의 부재에 있다.

조율자는 자문 전달자가 아니라, 각 전문가가 사용하는 언어를 기업의 전략 언어로 번역하고, 자문을 기업의 목적과 현실에 맞게 정렬하는 전략적 설계자다. 전문가 간 해석의 차이를 전략적 관점에서 이해하고 연결하며, 충돌하거나 중복될 수 있는 자문들을 우선순위에 따라 조정하고 흐름을 조정하고 흐름을 설계함으로써, 경영자와 전문가 간의 소통을 방향성 있는 전략적 대화로 전환시킨다. 조율자의 역할은 판단자가 아니라 설계자이며, 각기 다른 시각과 분석이 제시될 때, 그 차이를 해소하거나 누르기보다, 실행 가능한 전략 구조 안에 재구성하는 것이다. 이를 위해 조율자에게는 전문가 간의 관점 차이를 통찰할 수 있는 해석력, 전략과 실행을 동시에 엮어낼 수 있는 종합적 판단력, 그리고 신뢰를 기반으로 전문가들과 협력적 관계를 설계하는 연결의 리더십이 요구된다.

중요한 것은 다양한 분야의 자문이 흘러들어 와도, 그것들이 연결되지 않고 분산된다면 전략은 결코 현실에서 힘을 발휘할 수 없다. 이 연결과 해석, 전략 설계를 가능하게 만드는 주체가 바로 조율자이며, 동시에 전문가들의 전략적 정렬을 현실화하는 실질적 축은 사람인 조율자와 시스템인 전략 커뮤니케이션 인프라의 유기적 협력에 있다. 이 두 축이 함께 작동할 때, 전략은 지속 가능한 실행력을 갖춘 통합 플랫폼으로 진화할 수 있다.

전략은 사람이 만들지만, 그것이 지속 가능해지기 위해서는 해석과 연결, 실행을 동시에 설계할 수 있는 시스템이 뒷받침되어야 한다. 그러나 구조와 조율이 갖춰져 있어도 전략이 실현되지 않는다. 전략의 완성은 '의사결정자', 즉 대표의 능동적인 참여에 달려 있다. 탁월한 자문과 정교한 설계가 있더라도, 대표가 흐름의 외곽에 머무르거나 수동적으로 관여할 경우, 전략은 실행력을 잃는다.

실제로 많은 기업에서 자문이 실무와 단절되고 실행으로 이어지지 못하는 근본 원인은 대표의 부재 또는 전략적 관여 부족에 있다. 결정과 실행이 이루어지는 현장에 대표가 함께 있어야 전략은 살아 움직인다. 전략이 현실에서 실패하는 가장 흔한 이유는 실행력의 문제가 아니라, 대표와 전문가 사이의 언어가 다르고 정보가 단절되어 있으며, 전략이 제대로 해석되지 않기 때문이다.

많은 조직이 전문가의 자문을 받고 협업 도구를 도입하지만, 현장에서 막히는 이유는 대부분 '정보의 단절'에 있다. 자문이 개별적으로 이루어지고, 전략이 통합되지 않은 채 흩어질 경우, 대표는 해석과 판단을 스스로 짊어져야 한다. 이 구조는 협업처럼 보이지만 실상은 각자도생의 시스템이며, 어떤 전문가가 참여하더라도 실행 가능한 전략은 설계될 수 없다.

전략은 머릿속 아이디어가 아니라, 공유된 정보 기반 위에서 조율되고 해석될 때 '실행'이 된다.

ONE TEAM은 전략이 개인의 판단이 아닌 흐름과 구조 속에서 완성된다는 전제를 바탕으로 커뮤니케이션 인프라를 설계한다. 정기적인 미팅 루틴, 클라우드 기반 공동 문서, 실시간 피드백 체계, 전략별 히스토리가 축적되는 협업 구조는 정보 사일로를 원천적으로 제거한다.

많은 조직이 공유 폴더에 문서를 업로드하는 수준에서 협업을 멈추지만, 정보는 나눈다고 의미가 생기지 않는다. '어떤 정보가 공유되었는가'가 아니라, 그 정보가 '어떻게 연결되고 해석되며 전략화되었는가'이다. 전략과 연결되고 전문가의 해석을 거쳐 실행 기준으로 전환되는 '흐름' 속에서 의미를 갖는다. 흐르지 않는 정보는 쌓이고, 쌓인 정보는 결국 리스크로 전환된다. 따라서 전략을 멈추지 않고 흐르게 만드는 커뮤니케이션 구조가 필요하다. 이 흐름을 막는 가장 큰 장애물은 대표와 전문가 사이의 '언어의 차이'다. 대표는 시장 흐름, 조직 분위기, 투자자 반응, 직원의 감정 등 현실 기반에서 사고하고 질문하는 반면, 전문가는 법률 조항, 회계 기준, 세무 해석, 노동 규정 등 규범적 기준으로 판단하고 설명한다. 서로 다른 시야에서 출발한 언어는 자연스럽게 교차되지 않는다. 이 간극을 해석하고 연결하지 않으면, 전략은 어디선가 막히게 된다. 진정한 전략 플랫폼이 되기 위해서는, 이 언어 차이를 이해하고 통합하는 조율의 구조가 필수적이다.

아무리 정교한 자문이라도 서로 연결되지 않거나 대표의 의도와 어긋나거나 실무에 정확히 전달되지 않으면, 결국 실행력 없는 전략으로 끝난다. 전략은 '무엇을 할 것인가'를 결정하는 행위가 아니다. 그것이 어떻게 말해지고, 이해되며, 조율되는가를 설계하는 과정이다. 좋은 아이디어에서 출발하지만, 좋은 커뮤니케이션 속에서만 완성된다.

ONE TEAM의 커뮤니케이션과 운영 시스템은 협업 절차가 아니라, 전략의 지속성과 실행 가능성을 설계하는 기반이다. 정보가 전략적으로 흐르고 전략이 커뮤니케이션 속에서 구조화되도록 하는 인프라를 구축하는 것이다. 정기적인 회의, 문서화된 피드백, 대표의 능동적 참여, 실행 노트 등 모든 요소가 전략을 '살아 있는 구조'로 만드는 데 기여해야 한다. 그것이 일상 속에서 호흡할 수 있어야 비로소 '작동하는 전략'이 된다.

전문가가 바뀌어도, 경영 환경이 달라져도 전략이 흔들리지 않으려면 소통 안에서 구조화되고, 커뮤니케이션을 통해 지속될 수 있도록 설계되어야 한다. 전문가 간 연결, 대표와의 해석, 정보의 흐름과 구조화는 모두 '전략이 현실에서 작동하도록 만드는 구조'라는 하나의 목적을 향한다. 이 시스템은 기술 중심이 아니라 사람 중심의 연결 구조이며, 도구의 도입이 아니라 전략 언어의 정렬을 목표로 한다. 전략은 지식이 아니라, 흐름이고 구조이며, 결국 사람 사이의 이해 속에서 살아 있는 힘을 갖는다.

4. 실무협업의 단계별 프로세스

ONE TEAM의 실무협업은 피상적인 자문 제공이 아니라, 자문 → 설계 → 실행 → 피드백 → 고도화로 이어지는 연속적인 흐름을 실무에 내재화하는 것이다. 전략이 현장에서 작동하려면, 각 전문가의 자문은 개별적으로 주어져서는 안 된다. 모든 자문은 상호 연계되고 실행 과정에서 축적되며, 지속적으로 발전하는 '프로세스 협업'으로 운영되어야 한다.

기업이 다양한 전문가에게 자문을 구하지만, 실행으로 이어지지 않는 이유는 전략 수립과 실행 사이의 흐름이 단절되어 있기 때문이다. 회의는 반복되지만, 프로젝트는 없고, 자문은 넘치지만, 실행 주체와 계획은 불분명하다.

ONE TEAM은 각 전문가의 자문을 실무 수준에서 구조화하고, 자문 간 연결성과 전달 체계를 통해 하나의 전략 프로젝트처럼 작동하도록 설계한다. 자문을 단발성 보고서로 끝내지 않고, 계획 수립부터 실행과 조정, 유지까지 일관된 흐름 속에서 '살아 움직이도록' 설계하는 실행 기반의 전략 프로세스를 구축하는 데 있다.

효과적인 협업은 정보의 집합이 아니라, 명확한 순서와 구조를 바탕으로 움직이는 전략 체계다. 실행 가능한 전략이 되려면, 각 자문은 논리적인 순서 속에서 연결되고, 명확한 역할과 책임의 구도 안에서 조율되어야 한다. 의견이 모이는 것이 아니라, 그 의견들이 전략적 흐름 안에서 정렬되고 하나의 '전략적 합'으로 구성되는 것이다.

ONE TEAM의 협업 프로세스는 전략 실행의 전 과정을 구조화하는 설계 체계다. 단일 이슈에 대한 개별 대응이 아니라, 기업이 직면한 문제를 다분야가 얽힌 복합적 이슈로 바라보고, 이를 다섯 단계의 전략 흐름(Five-Level Strategic Flow Architecture)으로 체계화한다.
문제 인식 → 전략 설계 → 실행 전략 → 실행 및 현장 적용 → 사후 피드백이라는 연속적 단계를 기반으로 구성된다. 각 단계는 전문가 자문을 유기적으로 연결하며, 전략을 실행 가능한 구조로 전환한다. 특히 이 다섯 단계는 독립된 절차가 아니라 상호작용하는 순환 구조로 작동한다. 문제의 원인과 맥락을 종합적으로 해석하고, 실행 이후의 유지·보완까지 포함하는 통합 전략 체계를 설계하는 폐회로형 전략 운영 시스템(Closed-Loop Strategic System)이다. 이로써 전략은 계획에 그치지 않고, 실제 변화와 실행력으로 이어지는 구조적 힘을 갖게 된다.

1단계 문제 인식 및 정보 수집 - 통합적 문제 정의의 시작

전략 실행의 첫 단계는 현상 파악이 아니라, 이슈가 기업 전반에 미치는 구조적 영향을 통합적으로 인식하는 일이다.

예를 들어 성과급 제도에 문제가 발생했을 때, 이를 보상 시스템의 미비로만 진단하는 것은 충분하지 않다. 그 이면에는 재무 건전성, 조직문화, 세무 리스크, 법적 기준과의 연계성 등 다양한 요인이 얽혀 있을 수 있으며 이를 복합적으로 해석해야 한다.

이를 위해 대표 인터뷰, 조직도와 인력구성, 회계 자료, 취업규칙 및 내규, 내부 커뮤니케이션 흐름 등 다양한 정보를 종합 분석하고, 이를 바탕으로 전사적 관점에서 공통된 문제 정의(Common Problem Definition)를 도출한다.

이 과정은 전략의 조율자(해석자)가 주도하며, 각 부서의 현실과 맥락까지 반영된 입체적 문제 인식을 통해 다음 단계인 전략 설계의 정확한 방향성을 설정한다.

2단계 전략 설계 - 전문성과 상호 연계성의 융합

문제가 통합적으로 정의되면, 그것을 실행 가능한 전략으로 전환하는 설계 과정이다. 이때 각 분야 전문가가 자기 전문영역에서 문제를 해석하되, 다른 분야에 미치는 영향까지 고려한 통합적 해석을 수행하는 것이다.

세무사는 비용 인정 여부와 세무 리스크 검토, 노무사는 근로기준법과 조직 내 수용 가능성을 분석한다. 회계사는 자금 흐름과 회계 처리 영향 등을 점검하며, 변호사는 계약 및 사규의 법적 적정성을 평가하고, 경영지도사는 해당 제도가 기업의 중장기 전략과 일치하는지를 진단한다.

이처럼 각자의 시각에서 도출된 진단 결과는 실제 실행 과정에서 전략 정보로 정제되어 조율자에게 전달된다. 조율자는 이 정보를 바탕으로 전문가 간 해석의 간극을 조율하고, 기업 전략과 정렬하도록 구조화된 실행 설계로 연결한다. 이를 통해 다음 단계인 실행 준비로 이어지는 전략적 흐름을 완성한다.

(3단계) 실행 전략 설계 - 실행 가능한 전략 언어로의 전환

문제가 정의되고 각 전문가의 진단이 수렴된 후에는, 조율자가 이를 실행 가능한 전략 구조로 통합하는 작업이 진행된다. 전문가 자문을 나열하는 것이 아니라, 상충되는 해석을 사전에 조율하고, 실행 흐름에 따라 재배열하는 것이다. 이를 통해 전략은 실질적으로 작동하는 실행 체계로 전환된다.

실행 전략 설계는 세 가지 핵심 요소를 중심으로 구성된다.

- 우선순위 설정: 무엇을 먼저 실행할 것인가를 결정한다.
- 책임 주체 명확화: 각 실행 항목에 대해 누가 책임질 것인지, 실행 주체를 지정한다.
- 현장 적용 기준 수립: 어느 부서가 어떤 기준과 방식으로 실행할 것인

지를 구체화한다.

조율자는 이 과정을 통해 전문가의 기술적 언어를 실무자가 이해하고 따를 수 있는 전략 과제로 번역한다. 예를 들어, '법적 리스크 존재'라는 자문은 '근로시간 변경 시 HR 부서가 노사 합의 절차를 선행해야 함'과 같은 실질적 실행 지침으로 전환된다. 이러한 번역 과정을 통해 전략은 실행 가능성과 전달력을 동시에 갖추게 되며, 계획이 아닌 현장 작동형 전략으로 진화한다. 또한 실행 전략은 실행 타임라인(캘린더), 성과 연계 기준(KPI), 예산 배정 및 집행 구조, 법적 책임 구간 등과 함께 종합적으로 설계된다.

(4단계) 실행 및 현장 적용 - 전문가의 역할 분담에 기반한 실행 연동

전략안이 확정되면, 각 전문가가 자신에게 부여된 역할에 따라 실행 단계에 참여한다. 이 실행은 실제 업무 프로세스에 자연스럽게 통합되는 구조로 전개되어 역할이 명확히 분담된 상태에서 단계별로 연계되어 진행된다. 조율자는 전 과정을 모니터링하며, 각 실행 항목이 현장 상황과 잘 맞물려 작동하는지 지속적으로 점검하고 조정한다.

ONE TEAM의 실행은 전문가들이 협력하여 공동으로 실천하는 협동 실행 체계(Cooperative Execution System)로 작동한다. 이 체계는 실행력을 높이는 동시에, 전략의 지속 가능성과 현장 적합성을 함께 확보하는 구조적 기반이 된다.

5단계 피드백 및 유지 보완전략 - 전략의 지속 가능성 검증

전략은 실행 후에도 지속적인 관리와 보완 없이는 완성될 수 없다. 실행된 전략이 현장에서 "어떻게 작동하는지", "어떤 문제가 발생했는지", "개선이 필요한 부분은 무엇인지"에 대한 체계적인 점검과 유지·보완이 뒤따라야 한다. 이를 위해 정기적인 전략 피드백 회의, 내부 구성원 만족도 조사, KPI 달성률 및 예산 집행 현황 분석, 세무 관련 이슈 발생 여부 등 다양한 평가 지표가 함께 운영된다.

예를 들어, 성과급 제도를 도입한 경우, 직원 만족도, 조직 유지율, 세금 비용 변화, 예산 집행의 효율성 등 여러 평가 항목을 종합 분석하여 제도의 효과를 측정한다. 그 결과에 따라 전략은 조정되며, 현실과의 간극이 점차 줄어든다. 이 과정을 거쳐 전략은 조직 내에 정책, 문화, 시스템으로 내재화되는 구조로 진화한다.

이러한 다섯 단계의 전략 흐름은 절차상의 순서가 아니라, 전문가 해석 → 전략 설계 → 현장 실행 → 성과 피드백으로 이어지는 통합적 구조를 갖춘 실행 중심 협업 프레임워크다. ONE TEAM은 이 구조를 통해 각 분야의 전문성을 전략적 흐름 속에서 정렬하고, 고립된 자문을 현장에 적용 가능한 전략으로 전환한다. 나아가 기업이 외부 자문에 의존하지 않고 스스로 문제를 해석하고 판단하여 실행할 수 있는 전략적 자생력을 강화하는 데 기여한다. 전략은 외부에서 주어지는 해답이 아니라, 내부에서 길어 올린 이해와 실행의 힘으로 완성되어야 하기 때문이다.

많은 기업들이 실제 실행으로 이루어지지 않거나 실행 과정에서 전략이 왜곡되는 사례가 빈번하다. 그 이유는 명확하다. 전략 수립에 참여한 전문가들이 실행 단계에서는 함께하지 않기 때문이다. 전문가의 자문은 이론적으로는 타당할 수 있으나 그것이 현장에 전달되는 과정에서 의미가 왜곡되거나 핵심이 누락되기 쉽다. 더 큰 문제는, 실행 이후 발생한 현장의 반응과 변화는 다시 전문가에게 환류되지 않는 구조적 단절이 존재한다는 점이다. 이처럼 자문과 실행, 피드백이 분리된 구조에서는 전략은 일회성 이벤트로 소비되고 만다.

ONE TEAM은 단절 문제를 정면으로 해결하기 위해, 전문가를 '해답 제공자'가 아니라, 전략의 실행 과정에 함께 참여하고 결과까지 책임지는 실행 동반자로 위치시킨다.

전문가의 동행이 중요한 이유는 전략이 설계 단계보다 실행 단계에서 더 많은 리스크와 변수에 노출되기 때문이다. 실제 실행에 들어가면, 사내 부서 간의 갈등으로 도입이 지연되거나, 회계 시스템의 처리 미비로 인해 혼란이 발생할 수 있다. 또한, 직원들의 심리적 저항이나 세무 당국과의 해석 차이로 인해 리스크가 다시 부상하는 상황이 벌어질 수 있다. 이러한 변수들은 현장을 실시간으로 파악하는 사람만이 알 수 있으며, 전략을 제안한 전문가가 현장과 지속적으로 연결되어 있어야만 즉각적인 조정과 방향 유지가 가능하다. 실행 중심 전략이 작동하기 위해서는, 전문가가 현장 흐름 속에서 끝까지 함께 가는 구조로 전환되어야 한다.

전략은 여러 분야가 긴밀히 연결되어 함께 움직일 때만 실현 가능한 실행의 결과다. 이 중 단 한 분야라도 누락되거나 실행이 미흡하면 전체 전략이 흔들리고, 조직 내 갈등이 발생하며, 구성원의 신뢰까지 무너질 수 있다. 따라서 전문가가 자문에만 머무르지 않고, 실행 과정까지 동행하며 조율해야 전략이 조직에 안정적으로 안착될 수 있다. 또한, 피드백이 없는 전략은 개선 없이 시행착오만 반복하게 된다. 실행안이 실제로 어떤 반응을 유도했는지, 수치적 성과는 어땠는지, 전략적 목표에 도달했는지, 보완이 필요한 구조는 없는지를 점검하지 않으면, 매번 '처음부터 다시' 시작해야 하는 악순환에 빠지게 된다.

ONE TEAM은 조직 내 실질적 변화를 완성하는 실행 중심의 전략 동반자 구조다. 전문가의 보고서나 자문을 받아들이는 수준이 아니라, 전략이 기업의 현장에서 실제로 작동하도록 설계하고 실행을 동행하며, 정기적인 피드백과 고도화를 반복하는 폐회로형(Closed-Loop) 협업 시스템을 구현한다.

한 제조업체는 성과급 제도 개편을 추진했으나, 초기에는 노무사의 자문만으로 제도를 설계·도입했다. 그 결과 회계상 비용 인식 누락, 세무 신고 오류, 구성원 불만 등 복합적인 문제가 발생하며 제도 도입에 실패했다. 이는 단일 분야의 자문만으로는 실행에 필요한 연결성과 조율이 부족했기 때문이다.

이 실패를 계기로 경영자는 ONE TEAM을 구성했다.

경영지도사는 보상체계 개편의 전사적 목표와 로드맵을 수립하고, 전문가들의 역할과 스케줄을 조율했다. 노무사는 제도 설계와 취업규칙 반영, 평가 기준 정비, 인사 커뮤니케이션 문서 작성까지 총괄했다. 회계사는 인건비 반영 기준과 회계 처리 프로세스를 재설계했고, 세무사는 비용 인정 기준과 세무 신고 절차, 사후 리스크 대응 방안을 설계했다. 변호사는 근로계약서 개정과 법적 리스크 항목을 검토하여 제도 도입의 법적 기반을 마련했다. 각 전문가는 고유의 역할을 수행하면서도 하나의 실행 구조 안에서 유기적으로 협업했다.

그 결과, 제도는 '제도 도입'이 아니라 '조직 운영 전략'의 일부로 인식되었고, 회계·세무상의 이슈도 사전 차단되었다. 직원의 조직 만족도와 신뢰도 향상되었으며, 성과와 연결되는 전략적 제도로 정착되었다.

실행되지 않는 전략은 계획(Plan)에 불과하며, 진정한 전략은 '작동하는 구조'를 전제로 한 실행 중심의 설계여야 한다.

가능성의 관점에서 설계하기 위해서는 전략 초안을 작성하기 이전부터 실행을 전제로 한 질문들이 먼저 제기된다. "이 전략은 회계 기준상 비용으로 처리 가능한가?" "세무 리스크는 사전에 차단되었는가?" "조직문화와 인사 시스템 내에서 수용 가능한가?" "법률 문서는 실제 계약 현장에서 유효하게 작동하는가?" "전략 실행 이후 측정 기준과 개선 방법은 무엇인가?" 이러한 질문들은 문서나 보고서에 담기 어려운 현장 중심의 전략 검증이며, 구조적 책임과 실행을 동반하는 협업 시스템 안에서만 가능하다.

  이 구조 안에서 전문가들은 세무사는 절세 전략을 회계사와 함께 재무 흐름 전반을 검토하여 실행의 지속 가능성을 점검한다. 노무사는 제도 검토에 그치지 않고 조직문화 변화와 인사 운영의 흐름을 반영한 실행 시나리오를 설계하고, 변호사는 법적 문구의 타당성, 실제 계약 현장과 협상 전략, 사업 리스크까지 고려한 법률 구조를 설계한다.

  전략 수립의 전 과정에서 전문가들은 문제 인식에서 분석, 전략 설계, 실행, 그리고 피드백까지 처음부터 끝까지 함께하는 전략적 동반자다. 전략의 완성도는 문제를 함께 정의하고 각자의 관점으로 해석하며 실행 가능한 흐름으로 조율할 수 있는 팀워크의 유기성에 있다. 전략은 계획서나 발표 자료에서 완성되는 것이 아니라, 함께 움직이는 사람들의 실행 리듬 속에서 작동할 때 완성된다.

5. 기업 성장을 위한 전략적 로드맵

  ONE TEAM은 기업의 현재 의사결정이 미래의 방향성과 구조적으로 연결되도록 설계된 전략 수행팀이다. 지속 가능한 성장을 위해서는 모든 실행이 장기적인 성장 로드맵과 일관되게 정렬되어야 한다. 성장 로드맵이란, 기업의 중장기적 비전과 실행력을 연결하기 위한 구조적 접근 방식이다. 이를 실현하기 위해, 회계, 세무, 법률, 노무, 전략 등 다양한 전문성이 하나의 팀으로 유기적으로 협업한다. 이러한 전략적 연결이 가능할 때, 기업은 단기 과제 해결을 넘어 장기 성장의 기반을 구축할 수 있다.

(STEP 1) 경영 진단 및 리스크 점검

ONE TEAM의 첫 번째 단계는 기업의 현재 상태를 다각도로 진단하는 것이다. 제도, 운영 방식, 숨겨진 리스크 요인까지 전방위적으로 분석하여, 기업의 경영 기반을 구조적으로 해석하는 전략적 진단 과정이다. 이 과정에서 각 분야의 전문가들은 고유한 관점으로 참여한다.

- 회계사와 세무사는 재무제표와 세무자료를 분석하여 수익성, 현금흐름, 부채비율 등 주요 재무 지표를 점검한다. 이를 통해 기업의 재무적 체력과 구조적 건전성, 세무상 리스크를 사전에 식별하고, 중장기 전략 실행에 영향을 줄 수 있는 재무 기반의 문제를 진단한다.
- 노무사는 근로계약, 임금 체계, 조직문화 등 고용 관련 제도와 현황을 점검한다. 인사 리스크와 제도의 공백, 법 준수 여부를 평가하여 인사 시스템의 구조적 안정성을 진단한다.
- 변호사는 계약서, 정관, 거래 구조, 내부규정 등을 검토하고, 지분 구조·자산 소유권·내부 통제 체계 등에서 발생할 수 있는 분쟁 리스크를 사전에 파악한다.
- CFP(국제공인재무설계사)는 경영자의 개인 자산 구조, 퇴직·승계 계획, 사적 연금, 건강 리스크 등을 검토하여, 사업 리스크가 대표 개인의 재무 안정성에 미치는 영향을 분석한다.

- 경영지도사는 모든 진단 결과를 종합해 기업의 전략적 방향성과 구조를 평가한다. 현재 전략이 실현 가능한지, 외부 환경 변화에 얼마나 민감하게 반응하는지를 판단한다.

이와 같은 ONE TEAM의 진단 프로세스는 기업이 성장 기반을 갖추고 있는지를 객관적으로 진단하는 구조적 출발점이다.

STEP 2) 전략 수립 - 기업의 '다음 단계' 설정

정확한 진단이 끝났다면, 그다음은 실행 가능한 전략을 구체화하는 단계로 ONE TEAM의 본격적인 역량이 발휘된다. 제안이 아니라, 현장에서 실현 가능한 실행 시나리오를 설계한다. 전문가들은 함께 사고하고, 조율하며, 정렬된 언어로 전략을 완성한다.

- 회계사는 전략이 재무적 타당성을 검토하고, 예산 배분과 손익구조, 투자 수익률, 자금 흐름 등을 분석한다. 전략이 재무제표에 미치는 영향을 시뮬레이션하며, 재무 기반을 설계한다.
- 세무사는 전략 실행 시의 세금 구조를 설계하고 절세방안과 세무 리스크 차단 방안을 제시한다. 특히 지분 이동, 상여금, 복리후생 등 민감한 이슈는 초기부터 세무 검토가 병행되어야 한다.
- 노무사는 고용 구조, 인사제도, 근무 형태 등을 전략에 맞춰 설계하고, 제도적 내부 저항과 조직문화와의 정합성도 함께 분석한다.
- 변호사는 계약서, 협약서, 사규, 공문 등 법률 문서를 설계하고, 외부

이해관계자와의 계약 전략을 조율하며, 법적 리스크 방어체계를 구축한다.
- CFP는 대표자의 투자, 퇴직, 상속, 보험 등 개인 재무 계획을 전략에 통합하고 조율한다. 이는 대표 인생과 조직 전략의 균형을 위한 핵심 요소다.
- 경영지도사는 각 전문가의 자문을 통합하여 실행 전략을 정리한다. 전략의 우선순위, 실행 일정, KPI, 책임자, 피드백 구조 등을 설정하고, 기업의 비전과 대표의 성향까지 반영해 최적 실행 경로를 설계한다.

이 과정을 통해 전략 설계 원칙을 통합된 실행 시나리오로 구조화한다.

- 현장 중심: 전략은 실행 가능한 수준에서 수립되어야 한다.
- 리스크 기반 설계: 회계·세무·법무상의 리스크를 사전에 차단하는 구조를 전제로 한다.
- 언어의 정렬: 다양한 전문가의 의견은 조율된 언어로 통합되어야 한다.
- 실행 계획의 명확화: 전략에는 '누가, 언제, 무엇을' 실행할지에 대한 계획이 포함되어야 한다.
- 대표 중심 설계: 전략의 전개 방향은 대표의 의사와 리더십을 기반으로 설계되어야 한다.

(STEP 3) **실행 로드맵 설계**

ONE TEAM은 전략 수립 이후에도 멈추지 않는다. 실행의 시작 시점부터 다시 움직이며, 전문가들은 자문에서 '실행 주체'로 역할을 전환한다.

- 회계사·세무사는 실행에 따라 발생하는 회계 처리와 세무 신고를 직접 수행하며, 수치 변화를 실시간 점검한다.
- 노무사는 인사제도의 적용 현황과 법적 리스크를 점검하고, 정착을 위해 수정 방향을 제안한다.
- 변호사는 계약 문서의 실제 이행 여부를 확인하고 분쟁을 예방을 위한 커뮤니케이션 가이드라인을 수립한다.
- CFP는 대표 개인의 재무 흐름이 기업 전략과 충돌하지 않도록 점검하며, 필요한 재정 조율을 설계한다.
- 경영지도사는 모든 실행 흐름의 연결 지점을 통합하고 조율하며, 실행 전체의 균형을 유지한다.

실행 단계의 핵심은 '현장의 반응'이다. 전략이 의도한 대로 작동하는지를 파악하기 위해 현장 피드백 루프가 가동된다. 주간 또는 월간 단위로 회계 수치, 직원 반응, 제도 정착도, 외부 이해관계자의 반응 등을 수집하여 ONE TEAM은 피드백 회의를 통해 전략의 보완점과 리스크를 점검한다.

예상치 못한 부정적 반응이나 의도하지 않은 결과는 조기에 감지되어야 하며, 필요한 경우 전략의 경로를 수정하거나, 문서를 변경하고 커뮤니케이션 방식을 재설계한다. 수정·보완된 실행 시나리오는 다시 전문가들이 공동으로 작성하고, 실행 주체에게 구체적으로 공유된다. 이렇게 전략은 설계 → 실행 → 피드백 → 조정 → 재실행이라는 폐회로형 전략 구조 속에서 살아 있는 시스템으로 작동한다.

전략은 '세우는 것'보다 '유지하는 것'이 더 어렵다. 이를 위해 유지·관리 체계를 전략 실행 구조 안에 내장하고, 전략이 현장에서 지속적으로 작동할 수 있도록 설계되어야 시스템이 된다.

실행 및 피드백 단계에서 핵심이 되는 5가지 원칙은 다음과 같다.

- 1단계, 책임 주체의 명확화: 실행 단계마다 누가 무엇을 맡고 있는지를 명확히 정의한다. 책임 주체가 불분명하면 실행은 흐려지고, 피드백도 모호해진다.
- 2단계, 데이터 기반 피드백 체계 구축: 회계 수치, KPI, 직원 반응 등 구체적 데이터를 기반으로 한 피드백 수단과 보고 체계를 확보한다. 실행 결과는 감이 아니라 수치와 근거로 점검되어야 한다.
- 3단계, 정기적 실행 루프 운영: 실행 → 점검 → 보완의 루프가 정기적으로 반복되어야 한다. 반복 없는 전략은 관리되지 않고, 관리되지 않는 전략은 정착되지 않는다.
- 4단계, 대표의 전략 조정 참여: 전략의 조정·보완 과정에는 반드시 대표가 참여해야 하며, 이를 통해 전략의 의사결정 방향성과 실행 흐름

간 일관성을 유지한다.
- 5단계, 문서화와 공유, 전략 이력 관리: 모든 변경 사항은 반드시 문서화되어 팀 전체에 공유되어야 하며, 전략의 이력과 흐름이 투명하게 관리되어야 한다.

STEP 4 성과 분석과 전략 고도화

성과 분석과 전략 고도화는 전략을 완성시키는 핵심 단계다. ONE TEAM은 실행 결과를 전략이 실제 어떤 효과를 냈는지, 그 영향이 조직과 재무에 어떤 구조적 변화를 가져왔는지를 분석한다. 그리고 이 분석을 기반으로 전략을 다시 정렬하고 고도화한다.

각 전문가들의 고도화 분석 역할은 자신이 담당한 영역에서 데이터를 수집하고 결과를 진단한다.

- 회계사·세무사는 매출, 비용, 이익률 등 재무성과를 분석하고, 세무 리스크나 절세 효과, 예상 세액 변동 등을 점검한다.
- 노무사는 제도 시행 이후 조직문화 변화, 만족도, 이직률 등 법적 리스크 발생 여부를 확인한다.
- 변호사는 계약 이행 현황과 분쟁 가능성, 법적 안정성 등을 점검한다.
- CFP는 대표 개인의 자산 구조와 은퇴 설계, 사적 재무 목표가 기업 전략과 정렬되어 있는지 점검한다.
- 경영지도사는 전략의 적중도, 실행 일치율, 조직 내 피로도 등을 종합 진단하여 전략의 지속 가능성을 평가한다.

성과 분석은 전략의 마무리가 아니라, 다음 전략을 여는 시작점이다. 실행된 전략의 결과를 해석하고, 그 과정에서 무엇이 효과적이었는지, 어떤 부분이 실패했는지를 분석하는 것은 전략의 진화를 위한 핵심 절차다. 실패의 원인이 전략 자체의 한계인지, "실행상의 오류인지", 혹은 "외부 환경 변화나 내부 조직 요인 때문인지"에 대한 질문은 전략을 정교하게 다듬는 토대가 된다.

ONE TEAM은 이를 바탕으로 기존 전략을 수정하는 것이 아니라, 실행 결과를 반영해 진화된 전략으로 재설계한다. 전략의 설계, 실행, 성과 분석, 고도화를 하나의 흐름으로 연결함으로써, 기업은 전략을 살아 있는 구조로 운용할 수 있으며, 그 결과는 다시 기업의 성장 동력으로 축적된다.

STEP 5 전략 유지 및 지속적 관리 체계

이 단계는 ONE TEAM 성장 로드맵의 마지막이자, 전략이 '살아 있는 체계'로 정착되는 과정이다. 많은 기업들이 정교한 전략을 수립하고도, 시간이 지나면서 실행이 흐려지거나 현장과 괴리되는 문제를 겪는다. ONE TEAM은 이러한 단절을 방지하고, 전략이 기업의 일상 운영 속에서 지속적으로 작동되도록 관리 체계를 설계한다.

실행 지속성을 확보하기 위해, 주간·월간 단위의 운영 회의를 통해 실무 과제의 이행률을 점검하고, 각 전문가별 핵심 지표(KPI)를 기준으로 성과와 리스크를 주기적으로 모니터링한다. 이 과정을 통해 전략이 '존재하는가'가 아니라, 현장에서 '작동하고 있는가'를 판단한다.

지속 가능성을 위해서는 모든 실행안, 회의록, 문서 등을 버전별로 체계화하여 축적하고, 이를 기업의 지식 자산으로 연결해야 한다. 전략 실행의 주체가 되는 대표, 임원, 실무자들의 역할을 명확히 구분하여 책임 체계를 확보하고, 법률·세무·시장 환경 변화에 빠르게 대응할 수 있는 감지 체계를 지속적으로 점검한다.

전략 유지의 핵심은 '실행 리듬'의 설계다. 정기적인 리뷰주기와 실행 점검 루틴을 구조화된 패턴으로 설계해야, '회사의 언어'로 내재화된다. 그러나 전략 유지의 가장 큰 위협은 '실행 피로감'이다. 외부에서 주입된 계획이 아닌, 기업 내부의 운영 시스템 속에 흡수되도록 설계되어야 한다. 이를 위해 규정과 프로세스로 제도화하고, 담당자별 책임을 명확히 설정하며, ERP나 회계 시스템 등과 연동시켜 실행 점검을 클라우드 기반으로 관리함으로써 전략의 지속 가능성을 높인다.

ONE TEAM은 전략 수립부터 실행, 피드백, 고도화 그리고 지속 관리에 이르기까지 각 전문가의 역할은 단계별로 유기적으로 연결하여 기업 성장 로드맵을 완성한다. 이 로드맵은 전략 수립에서 실행, 점검, 조정, 유지 관리에 이르기까지 전 과정을 함께 설계하고 동행하는 입체적 성장 시스템이다.

기업은 '성장하라'라는 조언으로는 지속 가능한 변화를 실현할 수 없다. 진정한 변화는 '어떻게 성장할 것인가'에 대한 해석과 실행을 함께 설계해 주는 실천적 파트너를 통해 가능해진다. 전략은 제안이 아니라 실행 가능한 설계이며, 그 설계를 함께 완성하는 협력 구조가 필요하다.

예를 들어 시리즈 A 투자를 앞둔 강남 소재 AI 기반 교육 스타트업은 회계, 노무, 세무, 지분 구조 등 다양한 불확실성에 직면해 있었다. 이때 전문가들이 유기적으로 협업하는 ONE TEAM 체계를 통해 각 영역의 리스크를 통합적으로 분석하고, 실행 가능한 전략을 도출함으로써 실질적인 성장 기반을 마련할 수 있었다.

- 회계사와 변호사는 협력하여 스톡옵션 제도를 K-IFRS 기준에 맞춰 재설계하고 공정한 지분 배분 체계를 확립했다.
- 노무사는 성과 중심의 보상 시스템을 도입해 인사 구조를 정비하고 핵심 인재 유지를 뒷받침했다.
- 세무사는 R&D 세액공제와 고용창출투자세액공제를 결합한 복합 절세 전략으로 현금 유동성을 확보했다.
- CFP는 대표 개인의 자산과 법인 재무를 분리하여, 장기 자산관리와 은퇴·상속 전략을 수립했다.

그 결과 손익 마감 기간이 단축되고, 고정비 대비 수익성이 향상되었으며, 핵심 인재 유지율이 높아졌다. 확보된 자금은 핵심 사업에 재투자되어 기업가치는 전년 대비 2.4배 상승, 결국 60억 원 규모의 시리즈 A 투자 유치에 성공했다.

이처럼 ONE TEAM은 기업이 직면한 복합 과제를 전략적으로 해석하고 실행 가능한 해결책으로 전환하는 실행 중심의 협업 방식이다.

4장
ONE TEAM이 만든 변화: 실전 사례

4장

성과로 입증되는
ONE TEAM

이론은 방향을 제시할 수 있지만, 진정한 전략의 가치는 현장에서 결과로 입증될 때 완성된다. 'ONE TEAM'이 기업의 다양한 문제를 실질적으로 해결하고 변화를 이끄는 통합적 협업 시스템임이라는 사실은 바로 현장의 실제 사례들이다.

A사부터 E사에 이르기까지 각 기업은 서로 다른 도전과 과제를 안고 있었지만, 공통된 해결 방식은 같았다. 각 분야 전문가들이 하나의 전략 방향 아래 연결되고 조율되는 ONE TEAM의 협업 구조를 통해 문제를 극복해 낸 것이다. 노무 리스크 해소, 세무 구조 개선, 지식재산권 보호, 가업승계 전략, 대표 개인의 퇴직 설계와 자산 재구성에 이르기까지, 다양한 영역에서의 전문가 협력은 기업이 전략적 도약과 조직 체질 변화를 이루는 데 결정적 역할을 했다.

🤝 ONE TEAM 전문가 융합 구조: 나열이 아닌 입체적 통합

각 전문가는 전략 수립부터 실행, 지속 관리까지 유기적으로 연결된 역할을 수행한다. 각 전문가의 역할이 독립적으로 움직이는 것이 아니라, 통합된 전략 시스템 안에서 맞물려 현장에서 실질적으로 작동하는 전략을 완성해 낸다.

1. 노무 리스크 해소: 분쟁 예방과 인사 혁신

직원 30명의 중소 제조업체인 A사는 급변하는 시장 환경에 대응하기 위해 공격적인 인재 채용을 추진해 왔다. 그러나 채용 속도에 비해 내부 인사제도는 정비되지 않아, 조직의 안정성은 점차 흔들리기 시작했다. 근로계약서 미작성, 성과급 체계 부재, 연장근로 수당 기준의 불명확함, 취업규칙 미제정 등 기초적인 법적 요건조차 갖추지 못한 상태에서 직원들의 불만과 피로가 누적되었고, 외부 감사 및 민원 리스크도 함께 증대되었다. 결국 일부 퇴직 직원이 미지급 수당 청구와 부당해고 관련 민원을 제기하면서, A사는 본격적인 노무 리스크에 직면하게 되었다.

문제의 근본 원인을 해결하고자 A사는 노무사, 세무사, 회계사, 변호사, 경영지도사로 구성된 '노무 리스크 대응 전담 ONE TEAM'을 구성하였다. 이 팀은 사후 대응이나 민원 해소가 아닌, 조직 전반의 인사 시스템을 전략적으로 재설계하는 것을 목표로 단기 리스크 해소와 장기적 제도 정비를 동시에 달성하기 위한 6개월간의 프로젝트를 설계했다.

(1단계) 법적 정합성과 제도 기반 정비

ONE TEAM의 첫 번째 개입은 법적 리스크의 근본 원인을 제거하는 기초 작업이었다.

먼저 노무사는 인사제도의 법적 정합성을 확보하기 위해, 근로기준법과 직장 내 괴롭힘 금지법을 반영한 표준 근로계약서를 전면 도입했다. 그동안 누락된 근로시간, 휴게시간, 임금 구성 등 법정 필수 항목을 모두 반영하고, 전 직원이 새 계약서에 서명함으로써 '계약 미작성'으로 인한 분쟁 리스크를 원천 차단했다. 동시에, 연차휴가·휴일 운영·징계 절차 등 인사 운영의 주요 항목을 명문화한 신규 취업규칙을 제정하였다. 이는 일회성 정비에 그치지 않고, 향후 인사 관리의 기준이자 조직의 규범으로 작동할 수 있도록 제도적 틀을 확립한 작업이었다.

(2단계) 성과 보상체계의 정비

두 번째 개입은 성과급 지급의 불투명성을 해소하는 제도 설계였다. 기존에는 임원의 주관적 판단에 따라 동일한 성과를 낸 직원 간에도 최대 30%의 성과급 편차가 발생했고, 이로 인해 성과 보상에 대한 조직 내 불신이 깊어지는 상황이었다. 이에 대해 경영지도사는 KPI와 OKR 기반의 정량적 평가모델을 새롭게 설계하고, 성과급 산정 기준을 기본급 대비 최대 20% 범위 내 단계화된 체계로 전환하였다. 그 결과, 성과급 지급 기준이 명확하고 예측 가능하게 바뀌면서 조직 내 공정성과 신뢰가 회복되기 시작했다.

(3단계) 전략 실행과 리스크 제거

성과 보상 제도의 설계가 완료되자, 세무사와 회계사, 변호사는 전략이 실제 현장에서 정확하고 안정적으로 작동할 수 있도록 실행 체계를 구축했다. 세무사는 새 보상 구조가 세법상 비용으로 인정받을 수 있도록 시뮬레이션을 진행했다. 근로소득세, 4대 보험, 원천징수 항목에 대한 정산 구조를 분석하고, 성과급 정산 프로세스를 정비하였다. 특히 전자세금계산서 자동화 시스템을 도입해 실무 부담을 줄이고, 실행의 안정성과 효율성을 동시에 확보했다.

회계사는 개편된 보상체계가 손익계산서에 미치는 영향을 분석하고, 예산 계획에 반영하여 재무적으로도 전략이 정합성을 유지할 수 있도록 구조화했다. 동시에, 과거 퇴직자들과의 분쟁도 전략적으로 종결되었다. 변호사는 미지급 수당 및 부당해고 관련해 발생했던 퇴직자 3명과의 분쟁을 사전 조정 절차를 통해 신속히 종결하고, 관리자들을 대상으로 징계·해고 절차와 관련된 법적 교육을 실시해 향후 유사 리스크 발생 가능성을 원천 차단했다. 또한, 새롭게 설계된 제도가 실제 계약서와 내부 규정에 반영될 수 있도록 모든 인사 관련 문서를 전면 정비했다.

> **4단계** 변화의 확산

경영지도사는 내부 구성원의 수용성 확보와 몰입 유도를 위해 전략적 커뮤니케이션을 설계했다. 직원 대상 설명회, 피드백 세션, 중간관리자 대상 변화관리 워크숍을 운영하며, '함께 만드는 변화'로 분위기를 전환했다. 제도가 만들어진 후 구성원들은 수동적 수용자에서 제도 정착의 주체로 변화하기 시작했다.

> **5단계** 실행 성과와 제도 정착

ONE TEAM이 6개월간 추진한 전략은, 명확한 수치로 그 효과를 입증했다.

- 노무 리스크 "0": 퇴직자 관련 민원과 분쟁 건수는 '0'건으로 떨어졌고, 고용노동부 정기 근로감독에서도 전 항목에서 우수 평가를 받아 모범사업장 인증을 획득했다. 이는 공공 입찰 가산점, 지자체 지원금 선정 등으로 이어져, 제도의 가치를 실질적 인센티브로 연결했다.
- 조직 안정성 확보: 이직률은 전년 동기 18% → 7%로 감소, 무단결근 일수는 25% 감소했다. 직원 만족도 조사에서도 '성과 보상' 15%p, '조직 신뢰' 12%p 상승, 전략의 수용성과 정착 수준을 수치로 보여 줬다.
- 재무적 성과 향상: 생산성 증가와 함께 전사 매출이 8% 증가, 인건비 대비 부가가치율은 3.5%p 개선되어, 전략이 조직 문화뿐 아니라 재무성과까지 직결됨을 증명했다.

A사 사례는 중소기업이 ONE TEAM의 협업을 통해 실행-정착-성과까지 연결된 구조로 작동할 때 조직의 체질이 변화하고, 전략이 곧 회사의 시스템이자 문화가 될 수 있음을 보여 주는 실증이다.

2. 세무 전략 개선: 비용 절감과 투자 유치

IT 기반의 기술 스타트업 B사는 창업 초기부터 빠른 제품 개발과 시장 진입에 성공하며 주목을 받았다. 매출은 연 15억 원 수준으로 성장했고, 전체 직원 10명 중 8명이 개발 인력일 정도로 기술집약형 조직이었다. 그러나 급속한 성장과는 달리, 세무·회계 시스템은 여전히 창업 초기에 머물러 있었고, 경영 판단은 대표의 '촉'에 의존하고 있었다.

연구개발 인건비, 클라우드 서버 이용료, 외주 개발비 등 전략적 비용이 제대로 구분되지 않고, 대부분 단순 경비로 처리되며 세무상 비용 인정 및 세액공제 대상에서도 누락되었다. 그 결과, 법인세와 부가가치세를 과다 납부하고 있었으며, 뒤늦게 확인된 누락된 비용 항목만 해도 3년간 총 4억 원이 넘는 규모에 달했다.

공동창업자 간의 지분 재조정도 새로운 리스크를 야기했다. 지분을 주고받는 과정에서 양도·증여세 이슈가 발생할 가능성이 있었고, 최대 1억 원 규모의 세무 부담 추정액이 조직의 재무 안정성을 위협하고 있었다.

　회계 시스템 역시 현금주의 방식에 머무르며 월별 손익 흐름조차 파악되지 않는 수준이었고, K-IFRS(한국채택국제회계기준) 미도입으로 인해 회계의 투명성이 확보되지 못했다. 이러한 구조적 한계는 결국 투자 실사 단계에서 치명적인 약점으로 드러났고, 실제로 최근 두 차례의 벤처캐피털 투자 유치 시도가 회계 투명성 부족 의견서로 인해 보류되었다.

　문제를 해결하기 위해 B사는 세무사, 공인회계사, 변호사, 노무사, CFP(공인재무설계사), 경영지도사로 구성된 '세무·재무 구조 개선 전담 ONE TEAM'을 구성하여, 전사적인 재무 개혁 프로젝트를 추진했다.

- 세무사는 최근 3개년의 거래 내역을 전수조사하여 그동안 누락된 연구개발 인건비와 외주비 약 4억 2천만 원을 확인하고, 이를 연구·인력개발비 세액공제로 전환했다. 또한 전자세금계산서 발행 체계를 일원화하고, 원천세 자동 신고 프로세스를 구축해 반복적인 실무 오류를 방지했다. 그 결과, 수정신고를 통해 연간 약 2천만 원의 세금을 절감했고, 과거 과다 납부된 세금 중 7천만 원을 환급받아 현금 유동성도 즉시 개선되었다.
- 회계사는 클라우드 기반 ERP를 도입해 '수주-개발-운영'의 세 가지 코스트센터를 설정하여 K-IFRS 기준에 맞춰 손익구조를 전면 재정비했다. 특히 소프트웨어 개발비 중 무형자산으로 인식 가능한 1억 8천만 원을 자산화함으로써 손익계산서의 변동성을 낮추고, 매출총이

익률을 5.2%p 개선하는 효과를 달성했다. 이 조치는 투자자에게 B사의 수익 구조가 보다 안정적이고 예측 가능하다는 신호를 주는 결정적인 요소였다.

- 변호사는 공동창업자 간 지분 재조정 문제를 해결했다. 공정시장가액 평가를 바탕으로 지분 양수도 계약을 설계하고, 향후 유사한 상황에 대비하기 위해 스톡옵션 재발행 조항을 삽입했다. 국세청 사전답변제도를 활용해 양도·증여세 리스크를 사전에 해소하였다.
- 노무사는 개발 인력 중심의 조직 특성을 고려해, 인건비 구조와 복리후생 제도의 세무상 위험 요소를 점검하고 고용 안정성과 세제 적정성을 동시에 확보할 수 있는 인사제도 개편안을 제시하였다.
- CFP는 대표이사와 창업자의 개인 재무 흐름을 법인자금과 명확히 구분하고, IRP(개인형 퇴직연금) 및 주식형 펀드를 결합한 장기 포트폴리오를 설계해 법적 세제 한도 내에서 퇴직금을 적립할 수 있도록 구조화했다. 이를 통해 대표이사의 퇴직충당금 적립률은 0%에서 70%로 상승했고, 개인 자산 보호와 법인 유보금 관리를 동시에 실현할 수 있었다.
- 경영지도사는 이러한 세무·회계 구조 변화가 향후 투자 유치 및 사업 확장 전략에 어떤 파급 효과를 미치는지 분석해, 이를 장기 경영 계획에 반영하도록 조율했다. 또한 기업의 각 전문가의 역할이 향후 단계에서도 지속적으로 작동할 수 있도록 피드백 구조와 유지 관리 체계까지 함께 설계하였다.

실제 ONE TEAM 체계를 도입한 이후, 투자 실사 기간은 평균 8주에서 3주로 획기적으로 단축되었고, 국내 벤처캐피털로부터 30억 원 규모의 시리즈 A 투자를 성공적으로 유치하는 성과로 이어졌다. 중요한 변화는 B사 대표가 직관이나 '촉'에 의존하지 않고, 데이터와 기준에 기반한 의사결정을 내릴 수 있는 체계적인 시스템을 구축하게 되었다는 점이다.

전문가들이 함께 비용의 성격을 정밀하게 분류하고, 법령과 기준에 맞춘 절세 구조를 설계한 결과, B사는 '현실적인 세금 절감'과 '장기적 투자 유치 기반'을 동시에 확보할 수 있었다. 이 사례는 스타트업은 소규모로 '회계·세무는 나중에 정비해도 괜찮다'라는 흔한 편견을 깨뜨린 실천적 사례다.

3. IP 전략과 자문: 브랜드 가치 상승

프리미엄 식품 브랜드 C사는 창업 3년 만에 고급 원재료와 감각적인 패키징을 기반으로 온라인 시장에서 주목받기 시작했다.

세련된 브랜드 이미지와 차별화된 제품 콘셉트는 소비자에게 신뢰를 확보하며 성장의 전환점을 만들어 냈지만, 내부 시스템은 여전히 '지식재산 보호'와 '브랜드 관리'라는 핵심 기반이 취약한 상태였다. 특히 온라인 채널 확대와 함께 유사 브랜드가 난립하면서 브랜드 정체성이 흔들리고, 소비자 신뢰 역시 위협받기 시작했다.

대표 제품의 상표권과 디자인권이 미등록된 상태에서 발음과 패키지 콘셉트가 유사한 경쟁 브랜드가 4곳이 등장했고, 이로 인해 검색 혼선, 리뷰 오인, 소비자 클레임이 잇따랐다. 환불 및 반품률은 한 달 만에 12%p나 상승했고, 매출 상위 20% 제품군에서는 1억 원 이상의 손실이 발생했다. 동시에 D2C, 마켓플레이스, 라이브커머스 등 각 유통 채널별로 수수료, SLA(서비스 수준 협약), 재고 위치가 제각각이어서 공급망의 운영 효율성은 급격히 저하되었다.

C사는 브랜드 보호와 공급망 전략 재정비를 위해서 'IP·브랜드 전략 ONE TEAM'을 구성하고, 12개월간의 집중 개선 프로젝트를 실행했다.

- 변리사는 USPTO(미국 특허청)와 KIPRIS(한국 특허정보원)를 통해 유사 상표 및 디자인과의 충돌 가능성을 전수 검토하고, 핵심 브랜드 자산에 해당하는 상표 3건과 디자인 2건에 대해 긴급 우선권 출원을 완료했다. 등록이 완료되지 않은 상태임에도 '상표 출원 중' 문구와 ® 표기를 병기해 시장 내 혼선을 최소화하고, 브랜드 보호 신호를 명확히 했다. 또한 브랜드의 글로벌 확장을 염두에 두고 핵심 패키지 디자인은 국제 디자인등록(Hague System)을 활용해 해외 시장에서의 모방 및 분쟁 가능성까지 선제적으로 대응했다.

- 변호사는 지식재산권을 출원 사실을 근거로 유사 브랜드 4개 사에 내용증명을 발송하고, 주요 온라인 플랫폼 운영사는 '부정경쟁행위 금지 가처분' 신청 의사를 공식 통보했다. 그 결과 3주 만에 총 52개 유사 상품이 일괄 철수되었고, 이후 6개월 내 국내 상표 등록이 완료되면서 경쟁사 3곳이 자발적으로 브랜드명을 변경했으며, 나머지 1곳은 법원 조정에 따라 4천만 원의 손해배상을 지급하고 퇴출되었다.

- 경영지도사는 유통 구조 전반을 재설계했다. 각 판매 채널을 D2C, 마켓플레이스, 라이브커머스, 오프라인 PB 등으로 포트폴리오화하고, 신선식품 특유의 유통기한 문제를 고려해 기존의 SPC(납품 위탁 생산) 방식에서 VMI(공급업체 재고관리) 계약 체계로 전환했다. 그 결과 재고 회전일이 평균 18일에서 9일로 단축되며, 유통 안정성이 대폭 향상되었다.

- 회계사는 지식재산권(IP)을 무형자산으로 인식해 장부에 반영하고, 각 유통 채널의 물류비, 프로모션비, 공급가를 ABC(Activity-Based Costing) 방식으로 정밀 분석했다. 이를 기반으로 수익성이 낮은 저마진 채널 2곳을 철수시키고, 나머지 채널에는 IP 프리미엄 로열티 1%를 가격에 반영함으로써 매출총이익률을 7.8%p 개선하는 성과를 이끌어냈다. 또한 IP 자산은 장부가치 5억 원으로 평가되어, 향후 Pre-Series A 투자 유치에서 EV/EBITDA 멀티플이 1.6배 상향 조정되는 긍정적 변화를 유도했다.

C사의 지식재산 보호 체계는 유통 계약 조건, 투자 유치 협상, 프랜차이즈 확장, 해외 진출 전략에까지 유기적으로 연결되었으며, 기업의 신뢰도 제고와 가치 상승으로 직결되었다. 브랜드를 마케팅 수단이

아닌 '전략적 자산' 인식하게 된 변화는 지식재산(IP)을 법적 권리로 접근하지 않고, 회계, 마케팅, 브랜드 운영 전략의 중심 자산으로 전환했기에 가능했다. 변리사와 변호사의 전문성을 기반으로 회계사, 경영지도사가 각자의 영역을 넘나들며 '브랜드 보호'와 '브랜드 성장'을 하나의 목표로 통합한 결과 C사는 이제 프리미엄 식품 시장에서 IP 기반 경영의 모범 사례로 자리매김할 수 있었다.

ONE TEAM 협업은 문제 해결을 위한 자문 집합이 아니라, 기업의 구조적 성장을 이끄는 전략적 파트너십이다. IP 보호는 브랜드 신뢰를 유지하고 미래 확장을 가능하게 하는 핵심 인프라이며, 이를 조기에 구축한 기업만이 시장의 신뢰를 선점할 수 있다.

4. 안정적 가업승계: 은퇴 후 지속 가능한 구조

35년간 지방에서 건설 자재업을 운영해 온 D사는 창업 1세대 대표의 은퇴와 함께 가업승계를 준비하고 있었다. 그러나 회사 운영 구조는 여전히 1세대 중심의 비공식 체계에 머물러 있었고, 특히 대표 개인 명의의 토지와 사무실 건물이 회사 자산과 뒤섞여 있는 구조였다. 퇴직금 누적, 연금제도 마련 등도 미비해, 상속·증여세 부담이 눈덩이처럼 커질 조짐을 보였다.

불안은 경영권 이전과 관련한 루머로 이어졌고, 일부에서는 자녀 간 지분 갈등 가능성까지 거론되며, 조직 내부의 긴장감이 높아졌다. 실제로 핵심 기술 인력 3인이 이직을 검토하는 등 조직 안정성에 빨간불이 켜진 상황이었다.

위기 상황에서 D사는 CFP, 세무사, 회계사, 노무사로 구성된 ONE TEAM을 구성해 기업과 대표, 가족, 조직 전체가 함께 안착할 수 있는 '가업승계 전략'을 수립하고자 프로젝트를 수행했다.

- CFP는 대표와 배우자 명의로 보유 중이던 부동산과 현금성 자산을 구조적으로 정리하는 작업부터 시작했다. 가족 단위의 자산과 지분을 안정적으로 관리하고 통제할 수 있는 '패밀리홀딩스(Family Holdings)'라는 형태의 가족 지주회사를 설립하는 전략을 제안했다. 이 전략은 부동산을 현물 출자형식으로 지주회사에 편입함으로써, 법인과 개인 자산을 명확히 구분하고, 동시에 자산 이전에 따른 과세 부담을 단계적으로 분산할 수 있다는 이점이 있었다. 또한 지주회사 구조를 통해 자녀들이 지분을 명확히 공유하면서도 경영권을 안정적으로 이양받을 수 있는 기반을 마련했다. 이어서 자녀에게는 향후 10년에 걸쳐 단계적으로 지분을 증여하는 신탁 기반 설계안을 마련했다. 이는 단기간의 일시적 이전이 아니라, 미래 소득과 기업가치 상승을 고려한 장기적 지분 이전 시나리오로, 상속세와 증여세 부담을 최소화할 수 있는 구조였다. 또한 대표가 생존 중에도 일정 부분 경영권을 점진적으로 이양할 수 있도록 설계되어, 경영과 자산의 승계가 충돌 없이 진행되도록 조율된 전략이었다.

- 세무사는 가업승계 과정에서 가장 큰 부담이 되는 상속·증여세를 구조적으로 절감하기 위해, 기업가치 산정부터 철저히 전략적으로 접근했다. 우선, 비상장주식의 가치를 평가하기 위해 순자산가치법(NAV Method)과 미래이익가치법(DCF Method)을 병행하여 적용했다. 순자산가치법은 기업이 보유한 자산에서 부채를 차감한 순자산을 기준으로 기업가치를 평가하는 방식이고, 미래이익가치법은 기업이 앞으로 창출할 이익을 현재 가치로 환산하여 기업의 미래 수익력을 반영하는 방식이다. 두 방식의 가중 평균을 통해 주당 가치를 35% 하향 조정하는 데 성공했고, 이를 토대로 조정면세점, 연부연납 제도, 가업상속공제 최대한도(500억 원)를 종합적으로 활용해 예상 상속·증여세 부담을 약 70%까지 줄이는 절세 구조를 설계했다.

- 회계사는 법인 내에 퇴직급여 전용 적립금 계정을 분리하여, 재무제표상 유보 구조를 안정화시키고, 법인 자산의 운용 효율성과 리스크 대응력을 강화하는 리모델링을 실시했다. 이 과정에서 대표 개인 자산과 회사 자산의 경계를 명확히 구분함으로써, 기업 재무제표의 투명성과 신뢰도가 향상되었다.

- 노무사는 퇴직연금 확정기여형(DC)과 IRP를 결합한 복합 연금제도를 도입하고, 근속연수별 퇴직금 적립률을 세분화하여, 제도의 공정성과 예측 가능성을 높였다. 또한 임원 퇴직금 규정을 신설해 대표가 은퇴 후 고문으로서 계속 회사에 기여할 수 있는 고용 형태를 마련했다.

프로젝트 완료 후, 납세 여력이 확보되면서 조직 내 불안이 해소되었고 핵심 인력 이직률은 12%에서 5%로 감소했다. 재무제표 분리 정비와 투명성 개선은 신용평가사로부터 긍정적 평가를 받아 기업 신용

등급이 한 단계 상향되었다. 대표의 은퇴와 동시에 자녀가 경영권을 승계했음에도 불구하고 조직문화와 현장 운영이 안정적으로 유지되었다.

D사의 사례는 ONE TEAM의 각 분야 전문가들이 초기부터 동시에 투입되어 법률, 세무, 회계, 노무 영역의 복잡한 이슈를 다각도로 진단하고, 통합된 실행 로드맵으로 시너지를 극대화한 결과, 상속세 부담을 줄이고 조직 안정과 기업 신용도를 동시에 확보할 수 있었다.

5. 자산 흐름 재설계: 대표의 '삶과 기업의 균형'

제조업 기반 중소기업 E사는 창업 20년 만에 연 매출 120억 원을 달성하며 안정적인 성장 궤도에 올랐다. 그러나 창업자인 대표이사는 정작 자신의 자산 구조와 은퇴 이후의 삶에 대해서는 깊이 있는 설계를 하지 못한 상태였다.

법인 명의와 개인 명의 자산이 혼재되어 있었고, 과거 본인 명의로 받은 대출이 여전히 법인 운영자금으로 사용되는 등 법인과 개인의 경계가 모호했다. 더불어 퇴직 후 소득 흐름, 상속·증여 계획, 보험 및 의료보장 체계 등도 불완전하거나 부재한 상태였다.

어느 날 그는 스스로 질문을 던졌다. "나는 퇴직 이후 어떤 소득으로 살아갈 수 있을까?" "가족에게 남길 자산은 안전하게 준비되어 있는가?" "기업은 계속 성장 중인데, 나는 내 삶을 어떻게 준비해야 하지?" 이 고민 끝에 ONE TEAM과 협업을 결정했다.

CFP(Certified Financial Planner)를 중심으로 대표 개인의 자산 흐름과 퇴직 소득 전략, 가족 승계와 삶의 질을 함께 고려한 종합 설계로 전개되었다.

- CFP는 우선 대표이사의 전반적인 자산 상태를 정밀 진단했다. 개인 명의 부동산, 금융자산, 부채, 보험, 연금 내역을 전수 조사한 결과, 몇 가지 중요한 리스크를 파악했다. 법인 명의로 보유한 일부 부동산이 향후 상속세 과세 대상이 되어 가족에게 큰 부담이 될 수 있다는 점, 그리고 금융상품의 활용 비중과 현금성 자산 비율이 부족해 은퇴 후 현금 흐름이 매우 취약할 수 있다는 것도 파악되었다. 무엇보다 현재의 퇴직금 제도가 대표의 장기 은퇴 플랜과 맞지 않아, 별도의 사적 연금과 복합 퇴직 소득 전략이 필요하다는 결론에 도달했다. 이를 바탕으로 대표 개인의 생애 재무 설계를 전면적으로 리디자인했다. 사적 연금 상품 재구성, 국민연금과의 연계 수령 전략, 보장성 보험 리모델링, 부동산 처분·보유 전략 조정, 비과세 자산 편입 확대 등 재무적 안정성과 세금 효율성, 가족 승계 등 입체적 설계안이 마련되었다. 동시에 세무사, 회계사, 변호사, 경영지도사가 팀으로 참여해 유기적인 실행 체계를 구축했다.

- 세무사는 퇴직소득세 및 향후 상속·증여세 시나리오를 비교 분석하고, 지분 이동 및 자산 명의 변경에 따른 절세 전략을 수립했다. 퇴직 시점과 수령 방식에 따라 발생할 수 있는 과세 효과를 비교하고, 사전 증여

와 연부연납, 공제 제도 활용 방안을 조율함으로써, 세금 리스크를 미리 통제할 수 있는 기반을 마련했다.
- 회계사는 퇴직금 및 연금 관련 자산의 회계 처리 기준을 정립하고 법인 내 비용 계정 반영, 그리고 대표 퇴직 이후 현금 흐름 시뮬레이션을 제공해 실행 가능성을 검토했다.
- 변호사는 상속·증여 과정에서의 법적 분쟁 가능성을 점검하고, 지분 정리 및 유언대용신탁 등 민법상 장치를 활용하여 위험 요소를 제도적으로 차단했다. 가족 구성원 간의 갈등 가능성, 공동명의 재산의 분할 시나리오 등을 미리 정리함으로써, 불확실성을 법적 안정성으로 전환시켰다.
- 경영지도사는 대표 퇴임 이후 기업 지배 구조 변화에 대비한 전략을 수립했다. 후계자 선임계획, 내부 관리자 육성, 조직 재편 전략 등 중장기 운영 체계를 점검하고, 대표의 역할 변화에 따른 권한 이양과 소통 구조의 재설계까지 포함하여 조직 전반의 안정적 전환을 설계했다.

프로젝트 완료된 이후, 대표이사는 개인 자산 흐름을 법인과 분리 정비하고, 퇴직 이후에도 안정적인 소득 흐름을 갖춘 구조로 전환되었다. 가족 간 자산 보호 전략이 명확해졌고, 법인의 지분 구조 및 보상 체계도 성장 단계에 맞게 재구성되었다. 대표 스스로가 느낀 '불확실성의 종식'으로 미래를 걱정하며 막연히 은퇴를 기다리는 것이 아니라, 이제는 준비된 로드맵 위에서 자신의 인생 2막을 설계할 수 있게 된 것이다.

E사의 사례는 ONE TEAM 내 CFP가 기업 전략과 대표의 생애 전략을 연결하는 핵심 설계자로 기능할 수 있음을 보여 준다. 기업이 아무리 성장하더라도, 대표 개인의 삶이 설계되어 있지 않다면 그 성장은 불완전한 것이다. 그 단절된 지점을 연결하며, '기업의 지속 가능성'과 '경영자의 삶의 안정성'이라는 두 축을 동시에 설계할 수 있는 전문가로서, 기업경영자에게 꼭 필요한 전략적 파트너임을 보여 준 사례다.

지금까지 살펴본 다섯 가지 사례는 ONE TEAM이 기업의 '구조'를 정비하고, '전략'을 명확히 하며, '미래'를 준비하게 하는 본질적 경영 시스템이라는 사실을 나타낸다.

노무 리스크 대응, 세무·회계 구조 개선, 지식재산권 보호, 가업승계 설계, 대표 개인의 생애 전략이라는 상이한 기업들의 사례를 ONE TEAM이라는 통합적 구조 속에서 실행 가능한 해답을 도출했고, 단기 처방이 아닌 지속 가능한 성장의 기반을 구축할 수 있었다.

법률, 세무, 재무, 인사, 브랜드 등 다양한 전문영역이 전략적 목표 아래 연결될 때, 기업은 지속 가능한 성장을 실현할 수 있으며, 그 중심에는 계획을 실행으로 연결하는 ONE TEAM의 협업 구조가 있다.

5장
협업의 갈등과 극복

5장

*갈등은
더 깊은 연결로 가는 길*

ONE TEAM 모델이 아무리 정교하게 설계되어 있더라도, 다양한 전문성과 배경을 지닌 전문가들이 모인 협업 구조에서는 갈등이 자연스럽게 발생할 수밖에 없다. 각자의 전문영역은 고유한 강점이지만, 동시에 서로 다른 판단 기준과 언어 체계를 내포하고 있어, 해석의 차이와 우선순위 충돌로 이어지기 쉽다. 이는 협업의 실패가 아니라, 오히려 '진짜 협업'이 시작되는 지점이다.

갈등은 피하거나 제거해야 할 문제가 아니라, 전략적 조율의 계기로 받아들여야 한다. 중요한 것은 갈등의 유무가 아니라, 그것을 어떻게 해석하고 관리하느냐. 서로 다른 시각을 인정하고, 정서적 안전성과 상호 존중을 바탕으로 소통하며, 공동의 전략 언어로 사고를 정렬하는 과정이 바로 ONE TEAM이 지향하는 실행 중심 협업의 핵심이다. 갈등은 연결의 단절이 아니라, 더 깊은 협력을 위한 출발점이 될 수 있다.

1. 갈등은 왜 발생하는가?

협업을 '갈등이 없는 이상적 상태'로 전제하는 순간, 조직은 곧 현실의 벽에 부딪히게 된다. 실제 업무 현장에서 협업은 생각처럼 매끄럽거나 조화롭지 않다. 특히 다양한 분야의 전문가들이 하나의 과제를 중심으로 모일 때, 각자의 전문성만큼이나 서로 다른 기능, 관점, 언어, 우선순위가 충돌하며 필연적인 마찰이 발생한다. 이는 특정 조직에 국한된 문제가 아니라, 협업이라는 구조 자체가 지닌 본질적인 특성이다.

협업은 함께 일하는 것이 아니라, 서로 다른 전문성을 가진 사람들이 '하나의 전략'을 만들어 가는 과정이다. 그러나 문제는 각 전문가가 가진 '정답'이 서로 다르다는 데 있다. 각 분야의 해석과 우선순위는 모두 나름의 논리와 타당성을 지니지만, 그들이 하나의 방향 안에서 정렬되지 않으면 협업은 곧 의견 충돌의 연속으로 이어질 수밖에 없다.

실제로 다수의 조직 심리학 연구들은 '갈등'이 협업 실패의 징조로 보지 않는다. 오히려 갈등은 신뢰 형성과 효과적 협업을 위한 '출발점'임을 시사한다.

대규모 메타분석에 따르면, 팀 내 신뢰가 성과에 미치는 교정 상관계수(ρ)는 0.30으로 나타났고, 이러한, 신뢰가 형성되기 이전에는 갈등의 노출 단계가 선행된다는 통계적 증거도 제시된다. 다시 말해, 협업 과정에서 갈등은 피해야 할 문제가 아니라 반드시 거쳐야 할 '필요한 단계'라는 것이다.

협업을 제대로 이해하려면, 먼저 갈등을 받아들이는 데서 출발해야 한다. 갈등은 예외적 상황이 아니라, 협업이라는 구조 안에 내재된 전제 조건이다. 특히 ONE TEAM 구조를 설계하고자 한다면, 갈등을 억누르거나 회피하기보다, 그 갈등이 왜 발생하는지, 어떤 구조적 맥락 속에서 생겨나는지를 이해하고 다룰 수 있어야 한다. 협업은 이상적인 조화가 아니다. 각기 다른 정답들이 충돌하면서 하나의 전략으로 수렴되는 '통합의 과정'이다. 협업에서 갈등이 발생하는 원인은 다음과 같다.

첫째, '기능적 다양성'

협업 팀이 가진 가장 큰 자산이자, 동시에 가장 빈번한 마찰의 출발점이기도 하다. 각 전문가가 중심에 두는 판단 기준과 목표는 본질적으로 다르다. 누군가는 법적 안정성을, 또 다른 누군가는 재무 효율성이나 조직 수용성을 우선한다. 이러한 '우선순위의 차이'가 곧 해석의 차이로 이어지며, 동일한 과제에 대해서도 전혀 다른 결론에 도달하게 만든다.

따라서 다양한 기능을 가진 전문가들이 모인 팀일수록 갈등의 가능성은 자연스럽게 높아진다. 실제로 다학제 팀(multidisciplinary team)일수록 관계 갈등의 빈도가 높다는 연구 결과는 이러한 현실을 뒷받침한다.

　기능의 다양성은 새로운 아이디어와 혁신의 원천이지만, 동시에 반복적인 충돌을 유발하는 이중성을 지닌다. 이 점에서 갈등은 부작용이 아니라, 오히려 팀 내 전문성이 작동하고 있다는 하나의 신호로도 해석할 수 있다. 각자의 관점과 논리가 충돌한다는 것은, 그만큼 각 전문가가 자신의 역할을 충실히 수행하고 있다는 의미이기도 하다.

둘째, '전문 언어의 분절'

　서로 다른 전문영역에서 활동하는 사람들은 같은 단어를 사용하더라도 전혀 다른 의미로 해석하거나, 아예 상대의 언어 자체를 이해하지 못하는 경우가 많다. 동일한 사안을 두고도 각자 익숙한 용어로 표현하고, 같은 말을 다르게 해석하는 일이 반복되면, 팀 내 커뮤니케이션은 점차 단절되고, 이는 갈등으로 이어질 수밖에 없다.

　MIT 인간 역학(Human Dynamics) 연구는 커뮤니케이션 빈도와 팀 성과 간의 교정 상관계수($\rho=0.31$)를 제시하며, 정보의 흐름을 차단될 경우, 팀 전체의 성과가 급격히 저하될 수 있음을 경고한다. 언어 장벽은 표현의 문제가 아니라, 협업의 기반을 무너뜨리는 구조적 위험 요인인 셈이다.

　전문 언어의 분절은 자연스러운 현상이다. 문제는 이 언어적 차이를 조율할 전략이 부재할 때 발생한다. 각자의 전문성이 깊어질수록 사용하는 용어도 더 특화되고 복잡해지며, 그만큼 서로 간의 해석 격차도 커진다. 만약 이러한 다언어적 환경 속에서 '통역자' 없이 협업이 이루어진다면, 오해와 불신은 누적될 수밖에 없다.

셋째, '리더십 공백'

협업의 초기 단계에서 다양한 분야의 전문가들이 각자의 관점과 목표를 가지고 팀에 합류한다. 이들은 서로 다른 언어와 우선순위를 가지고, 하나의 공동 과제를 향해 나아가야 하지만 그 시작이 항상 매끄러운 것은 아니다.

Tuckman의 팀 발달 모델에 따르면, 팀은 형성(Forming) 단계를 지나 반드시 '폭풍(Storming)'의 국면을 거치게 된다. 이는 구성원 간의 갈등과 충돌이 불가피하게 발생하는 시기로 이 시기를 어떻게 통과하느냐에 따라 팀의 미래가 결정된다.

문제는 이 폭풍의 시기에 팀 내에 명확한 '해석의 축'이 없을 때 발생한다. 우선순위를 조율하고, 의사결정의 결정 기준을 세우며, 각기 다른 해석을 하나의 방향으로 이끄는 리더십이 부재한 상태에서는 팀은 쉽게 정렬(Norming) 단계에 도달하지 못하고, 각자의 주장에 갇힌 채 분열로 향하게 된다. 이때의 갈등은 생산적 에너지가 아니라 소모적 대립으로 변질된다. 결국 갈등은 자연스러운 현상이지만, 그것을 어떻게 해석하고 다루느냐에 따라 협업의 결과는 완전히 달라진다.

'폭풍(Storming)'을 생산적 학습의 기회로 전환하기 위해서는, 권위적 리더가 아니라, 역할 간 균형을 조율하고 의미를 통합할 수 있는 명시적 의사결정 기준과 갈등 조정 프로토콜이 필요하다. 이것이 협업을 지속 가능하게 만드는 최소한의 조건이다.

넷째, '역할 기대치의 불일치'

협업 과정에서 흔히 발생하는 문제 중 하나는, 각 전문가가 자신의 역할을 어떻게 인식하고 있느냐의 차이다. 어떤 전문가는 자신의 참여를 자문(Consulting) 수준에 한정 짓는 반면, 다른 전문가는 실행(Execution)까지 포함된 책임을 전제로 움직인다. 이처럼 역할에 대한 인식의 스펙트럼이 다를 경우, 동일한 과제에 대해서도 책임의 무게와 개입의 범위는 현저히 달라질 수밖에 없다.

문제는 이 불일치가 오해에 그치지 않고, 경영자에게까지 혼란을 확산시킨다는 데 있다. 전문가의 조언을 바탕으로 실행과 결정을 책임져야 하는 경영자는, 자문과 실행의 경계가 모호할 때 자원 배분과 책임 분담 역시 불분명해지며, 협업 구조 전반에 불신이 쌓이게 된다. 이는 소통의 혼선과 책임 회피, 전략적 엇박자로 이어지며, 갈등을 점점 증폭시킨다.

협업이 효과적으로 작동하기 위해서는 역할에 대한 명확한 정의와 상호 기대치의 조율이 선행되어야 한다. 각자의 전문성이 어디까지 영향을 미치며, 어떤 단계에서 책임을 공유할 것인지에 대한 합의 진행되는 협업은, 시간이 흐를수록 불신과 마찰을 내재하게 된다.

그러나 갈등은 반드시 실패로 귀결되지 않는다. 오히려 잘 조율된 갈등은 팀이 정렬되는 전환점을 만들어 낸다.

실제로 기능적 다양성과 팀 혁신 간의 상관관계를 분석한 연구에 따르면, 이러한 갈등은 '사회적 응집력'이라는 매개 요인을 통해 완충되고, 오히려 창의적 도약의 계기가 될 수 있다. 핵심은 갈등을 없애는 것이 아니라, 그것을 흡수하고 전환할 수 있는 메타구조를 갖추는 데 있다.

그 메타구조의 핵심은 '트랜잭티브 메모리 시스템(TMS, Transactive Memory System)'이다. 팀 내 구성원들이 '누가 무엇을 잘 알고 있는가'를 공유하고 인식하는 집단적 기억 체계로, 각자의 전문성이 존중되는 동시에 상호 신뢰를 형성하게 만드는 기반이다.

TMS가 구축된 팀일수록 심리적 안전감이 높고, 대인 갈등이 발생해도 협업 성과는 안정적으로 유지된다. 결국 서로의 강점을 알고 있을 때, 협업은 더 빠르고 유연하게 움직인다.

ONE TEAM이 지향하는 협업 체계는 각자의 기능과 전문성이 명확히 구분되고 상호 인지된 상태에서 유기적으로 작동하는 지식 협업 구조, 즉 조직화된 TMS(Transactive Memory System)다. 이 시스템에서 각 전문가는 '누가 무엇을 잘 아는가'를 인식하고 있으며, 자신의 영역에만 머무르지 않고 필요한 시점에 타 전문가의 인지 자산을 효율적으로 호출하고 연결한다. 여기서 중요한 것은 갈등을 제거하거나 회피하는 것이 아니라, 갈등을 견디고 그것을 협업의 자산으로 전환하는 힘을 설계하는 것이다.

ONE TEAM은 갈등을 제거하려 하기보다, 갈등을 흡수하고 해석하며 조정할 수 있는 구조적 내구성을 전략 안에 내장한다. 협업은 언제나 이상적인 조화를 의미하지 않는다. 오히려 갈등과 신뢰가 공존하는 현실적 협업 구조를 통해 전략은 실제로 작동하며, 그 갈등을 다루는 방식이 협업의 깊이를 결정짓는다.

갈등을 흡수하는 단계는 다음과 같다.

(1단계) '전략적 통역'

다양한 전문영역의 전문가들이 한 테이블에 앉을 때, 그들이 사용하는 언어는 비슷해 보일 수 있으나, 실제로는 전혀 다른 의미망과 해석체계 안에 존재한다. 각자의 표현과 논리는 모두 정당하지만, 해석의 프레임이 일치하지 않으면 협업은 충돌로 이어질 수밖에 없다.

이때 핵심 역할을 하는 존재가 PMO(Project Management Officer), 즉 '전략적 통역자'다. 이들은 한 전문영역의 언어를 다른 영역에 번역하는 것이 아니라, 경영이라는 공통의 전략 맥락 속에서 전문 정보를 재배치하고 재해석하는 기능을 한다. 데이터 구조, 규제 환경, 정책 변화, 시장 흐름 등을 종합적으로 고려하여 각자의 논리를 하나의 전략적 언어로 통합해 가는 시스템적 사고가 요구된다. 이 과정을 통해 전문가들의 개별 주장은 하나의 전략 구조 내에서 조율되고, 협업은 갈등의 소음이 아닌 의미 있는 합주로 전환된다. 전략적 통역이 존재하는 팀은 서로의 언어를 '이해'하고 '연결'할 수 있는 역량을 갖춘다. 그것이 바로 갈등을 자산으로 전환하는 출발점이다.

2단계 '우선순위 프로토콜(Protocol)의 명시'

다양한 분야의 전문가들이 참여하는 협업 구조에서는, 동일한 사안을 두고도 '무엇을 먼저 고려할 것인가'에 대한 해석이 제각각이다. 각자의 기준은 모두 타당하지만, 그 방향이 조율되지 않으면 팀은 같은 논쟁을 반복하며 에너지를 소모하게 된다.

이를 방지하려면, 협업의 초기 단계에서 '무엇을 가장 중요하게 볼 것인가'에 대한 합의가 선행되어야 한다. 이를 위해 의사결정 매트릭스를 설계하고, 여기에 리스크·비용·시계열·ESG·브랜드 가치 등 주요 지표에 가중치를 부여해 사전에 공유하는 방식이 필요하다.

이 프로토콜(Protocol)은 팀 내 다양한 관점을 일관된 기준 위에 정렬시키는 일종의 '전략적 나침반' 역할을 수행한다.

이러한 구조는 Tuckman이 제시한 팀 발달 모델 중 폭풍(Storming) 단계, 즉, 갈등과 충돌이 가장 빈번한 시기를 생산적 마찰의 시기로 전환시키는 데 결정적인 역할을 한다.

갈등을 억누르거나 회피하지 않고, 오히려 수면 위로 끌어올려 서로의 우선순위를 조율하고 이해하는 과정은, 전략적 선택지를 더욱 풍부하게 하고, 정답이 찾기보다 '최적 해답'을 함께 만들어 가는 창의적 협업의 장을 형성한다. 명시된 우선순위 프로토콜은 갈등을 창조적 전환의 동력으로 바꾸는 협업의 필수 장치다. 이 장치가 있을 때, 협업은 반복되는 충돌 속에서도 방향을 잃지 않고, 전략적으로 진화할 수 있다.

3단계 '책임 경계의 계약화'

협업에서 자주 발생하는 갈등 중 하나는 각 전문가가 맡은 역할과 책임에 대한 인식 차이에서 비롯된다. 누군가는 자신의 역할을 자문(Consulting)에 한정한다고 생각하는 반면, 다른 누군가는 그 자문이 실행으로 이어져야 한다고 기대한다. 이러한 역할 불일치는, 책임 회피와 오해가 누적되며 갈등의 씨앗이 된다. 따라서 협업이 시작되는 초기 단계에서 자문과 실행의 경계, 성공 지표, 리스크 분담 구조 등을 명확히 정리한 계약서 또는 합의서를 기반으로 협업의 틀을 구조화하는 것이 필수적이다. 이 과정은 행정 절차가 아니라, 각자의 책임과 권한을 명확히 드러내는 전략적 조율 장치다. 이를 통해 팀은 예측 가능한 갈등에 사전 대비할 수 있고 역할에 대한 모호성을 해소함으로써 관계의 긴장을 조율 가능한 구조로 전환시킬 수 있다.

'책임 경계의 계약화'는 팀 내 긴장을 억누르는 것이 아니라, '해석 가능한 구조화된 긴장'으로 바꾸는 데 의의가 있다. 이런 긴장은 조직이 성장하고 발전하는 데 필요한 건강한 자극으로 작용하며, 폭풍(Storming) 단계의 혼란을 생산적 학습의 기회로 전환시키는 토대가 된다.

4단계 '정기적 피드백 루프(Feedback Loop)'

이는 월간 또는 분기별로 워크숍을 열어 KPI, 리스크 맵, 주요 지표를 점검하고, 데이터 기반의 가설을 지속해서 검증하는 과정이다. 이 루프는 협업 팀이 현실 변화에 민감하게 반응하고, 초기 갈등에서 발생한 문제들을 조기에 파악해 유연하게 조정할 수 있는 기회를 제공한다.

갈등이 만들어 낸 긴장과 마찰이 무조건 억제되어야 할 것이 아니라 조직 학습이라는 연소 메커니즘을 통해 효과적으로 흡수되고 전환할 때, 그것은 강력한 전략적 추진력으로 탈바꿈한다. 갈등을 흡수하고 전략적으로 전환하기 위한 단계는 다음과 같다.

- 인지의 명확화: 각 전문가의 역할, 책임, 판단 기준을 시각화하여 오해를 줄인다.
- 관점의 조정: 충돌된 판단을 전략적 목표 아래 재배열하고, 조정 가능한 범위를 설정한다.
- 피드백 루프 구축: 반복적 피드백을 통해 각자의 판단이 전체 전략에 미치는 영향을 점검하고 반영한다.

- 신뢰 기반 조율: 정답을 강요하는 대신, 상호 존중을 바탕으로 판단 간의 차이를 전략적으로 통합한다.
- 합의의 구조화: 비공식적 조율이 아닌, 문서화된 실행 캘린더와 책임 주체를 통해 갈등 이후 실행을 가시화한다.

이러한 단계는 ONE TEAM을 정서적 유대가 아닌 전략적 설계로 구현하며, 갈등을 전략적 연결의 출발점으로 전환하는 핵심 구조를 만든다.

글로벌 가상 팀을 대상으로 한 연구에서는 문화 지능(CQ, Cultural Intelligence)과 정기적 피드백 체계가 팀 내 갈등의 부정적 영향을 효과적으로 완충한다는 사실이 밝혀졌다. 즉, 피드백 루프는 폭풍(Storming) 단계에서의 마찰열을 전략적 추진력으로 전환시키는 핵심 엔진 역할을 한다는 것을 보여 준다. 이처럼 정기적인 피드백은 갈등을 통제하는 메커니즘이 아니라, 갈등을 성찰과 전환의 동력으로 삼는 구조적 장치다.

갈등을 관리해야 할 문제로 보지 않고, 오히려 전략적 자산으로 활용하는 조직은 실제로 경쟁우위를 확보한다. 특히 기능적 다양성이 높은 팀 중에서도 트랜잭티브 메모리 시스템(TMS)과 심리적 안전감이 잘 구축된 팀은, 그렇지 않은 팀에 비해 뛰어난 성과가 나타났다. 이는 갈등을 다루는 방식이 곧 성과를 가르는 결정적 변수임을 보여 준다.

이러한 사례는 갈등이 조직의 장애물이 아니라, 마치 점화 플러그처럼 학습과 혁신의 불꽃을 당기는 핵심 자극제임을 시사한다. 갈등을 '문제'로만 인식하는 조직은 불안을 회피할 수는 있지만, 그만큼 학습과 성장을 제한하게 된다. 반면 갈등을 '기회'로 활용할 수 있는 체계와 문화를 가진 조직만이, 복잡하고 불확실한 환경 속에서 지속적인 혁신과 성장을 실현하는 진정한 승자가 될 수 있다.

ONE TEAM 이 추구하는 갈등 변환 메커니즘은 마찰을 완화하는 기술이 아니라, 협업의 질을 근본적으로 바꾸는 두 가지 핵심 성과를 창출한다.

첫째, 의사결정의 해상도가 비약적으로 향상된다.
갈등을 통해 각기 다른 기능적 관점이 하나의 전략 안에서 다층적으로 통합되면서, 기존에 쉽게 간과되던 전략적 사각지대가 줄어들고 보다 정밀한 의사결정이 가능해진다.

둘째, 실행의 정교함이 강화된다.
갈등이 집중되는 폭풍(Storming)의 과정을 팀이 함께 통과하며 공동의 이해가 깊어지고, 이러한 이해는 결국 행동 프로세스에 내재화된다. 그 결과 실행 오류는 줄어들고, 계획된 전략은 현장에서 정밀하게 구현된다.

'갈등 없는 협업'은 이상적 환상에 불과하다. 갈등을 억누르거나 피할수록 내재된 리스크는 눈덩이처럼 증폭되고, 어느 순간 조직의 신뢰와 지속 가능성을 흔드는 치명적인 파열로 이어질 수 있다. 반면, 갈등을 조기에 표면화하고, 이를 전략적으로 전환할 수 있는 체계를 갖춘 조직은 다르다. 전략적 통역, 우선순위 프로토콜, 책임 계약, 정기 피드백이라는 해석 구조를 통해, 갈등은 조직에 전략적 깊이와 회복 탄력성을 부여하는 촉매제가 된다.

이는 갈등 자체를 학습 가능한 지식 자산으로 전환하는 협업의 새로운 패러다임이다. 이 패러다임을 받아들일 때, 전문가 집단은 각자의 고유한 전문성을 유지하면서도, 단일한 전략 목표 아래 고차원적 합주를 이뤄 낼 수 있다. 갈등을 협업의 본질적 조건이자 성장의 자산으로 인식하는, 그 시선의 전환이야말로, 진정한 의미의 'ONE TEAM'을 완성하는 첫걸음이 된다.

2. 연결되지 않은 협업의 위험성

정보가 단절되는 순간, 협업은 흔들리기 시작한다. 마치 항해 중 방향키를 잃은 선박처럼, 팀은 전략의 흐름을 잃고 제자리에서 맴돌게 된다. 협업에서 갈등이 발생하는 가장 근본적인 원인은 '정보 그 자체의 부족'이 아니다. 오히려 문제는 그 정보가 '누구에게, 언제, 어떻게'

전달되느냐에 있다.

실제 ONE TEAM 협업 과정에서도, 각 전문가들은 자신의 전문영역에 기반한 조언을 성실히 제공한다. 하지만 그 자문들이 서로 연결되지 않거나, 필요한 시점에 전달되지 않거나, 일부는 알고 일부는 모른 채 남아 있는 일이 반복된다.

정보는 존재하지만, 흐르지 않는다. 이때 협업은 지식의 축적이 아니라 혼선의 연속이 되고, 의사결정은 점점 더 피상적이고 분절적인 흐름으로 흘러가게 된다.

갈등은 정보가 부족해서가 아니라, 정보가 단절된 흐름 속에서 의사결정의 맥락이 어긋나며 발생하는 것이다. 이 어긋남이 반복될수록 팀 내 오해는 깊어지고, 조직은 실행 오류와 신뢰 저하라는 이중의 비용을 감당하게 된다.

ONE TEAM이 작동하려면, 정보는 모이는 것이 아니라 흐르는 구조여야 한다. 지식은 '저장'보다 '전달', '보유'보다 '공유'의 속성 안에서 살아 움직일 때, 협업은 단절이 아닌 연결로 작동한다. 이 흐름을 설계하는 것이야말로, 협업의 진정한 기반이다.

협업 구조에서 가장 빈번하게 나타나는 병목은 다음과 같다.

🔷 기능 전문가들 사이의 접근 권한 격차

각 전문가는 자신이 가진 정보 범위 안에서만 판단을 내리기 때문에, 해석의 차이가 발생하고 이는 곧 충돌로 이어진다. 글로벌 크로스펑셔널(Cross-Functional) 협업에 대한 연구에서도 기능적 다양성이 팀 혁신의 촉매가 되기 위해서는 정보가 다층적이고 입체적으로 흐르는 구조를 가져야 한다고 강조한다. 그러나 정보 접근이 제한되고, 특정 전문가만 핵심 정보를 갖는 구조에서는 '전문성' 자체가 협업의 자산이 되기보다 오히려 해석 간극을 키우는 요인으로 작용하게 된다. 즉, 접근 권한의 단절은 갈등의 촉매가 아니라, 그 뿌리를 형성하는 구조적 병목이다. 정보를 누구나 '알 수 있는가'가 아니라, '언제, 어떻게 접근할 수 있도록 설계되어 있는가'가 협업의 질을 결정짓는다. 전문가들이 공통된 전략 맥락 안에서 해석할 수 있도록 정보의 흐름과 권한 구조를 조율하는 일, 그것이 협업 갈등을 사전에 차단하는 첫 번째 설계 과제다.

🔷 정보의 독점이 만든 단절:
클라이언트 대표의 선별적 통제가 초래하는 협업 실패

대표는 각 전문 분야에 따라 제공하는 정보의 범위를 달리하거나 상황에 따라 자료의 깊이를 조절한다. 그 의도가 악의적이지 않더라도, 이처럼 정보가 비대칭적으로 분배되면 협업의 흐름은 빠르게 왜곡된다.

서로 다른 퍼즐 조각을 손에 쥔 채, 전체 그림을 맞추려 하지만, 각자의 해석은 서로 다른 방향을 향하게 된다. 정보의 출처와 범위가 전문영역별로 다르게 설정될 경우, 전문가들의 자문은 하나의 전략으로 수렴되지 못하고 분열된 자문과 충돌된 결론으로 이어진다. 그 결과, 팀은 전략을 설계하기도 전에 혼란에 빠지고, 의사결정은 불확실성 속에 정지된다. 실행에 앞서 발이 묶이는 것이다. 이러한 정보 통제는 협업의 효율을 높이기 위한 선택이 아니라, 전략적 마비를 유발하는 결정적 병목이 된다. 전문가가 아닌 대표가 정보를 설계하는 순간, 협업은 개별 해석의 조각들이 흩어진 채 방향을 잃는다. 정보의 개방성과 일관성, 그것이 바로 협업이 유기적으로 작동하기 위한 두 번째 핵심 조건이다.

흔적 없는 회의 문화

회의는 정기적으로 열리지만, 그 논의 내용이 정제된 형태로 문서화되지 않거나, 이메일과 메신저처럼 단절된 채널에 흩어져 축적될 경우, 협업에 필요한 지식은 흐름을 잃고 사라진다. 이때 정보는 일시적 언급에 그치고, 기록되지 않은 지식은 기억되지 않으며, 전략적 판단의 연속성도 단절된다. 결국 회의는 문제를 해결하기 위한 장이 아니라, '말이 오갔다는 사실만 남는 비효율의 공간'이 되어 버린다.

지속 가능한 협업을 위해서는, 회의 이후의 지식이 조직의 전략 자산으로 전환되어야 한다. 논의의 핵심이 정리되고, 그 맥락이 다음 실행과 연결될 수 있도록 흔적을 설계하는 구조가 필요하다.

MIT Media Lab 소속 Human Dynamics 팀의 연구에 따르

면, 대면 및 비대면 커뮤니케이션의 빈도와 팀 성과 간의 상관계수는 0.31에 이른다. 이는 대화의 많고 적음의 문제가 아니라 '정보 흐름의 지속성'이 성과를 예측하는 핵심 요인임을 보여 준다.

흐름이 끊기고 기록이 누락되면, 협업은 축적되지 않고 반복된다. 신규 인력이 투입될 때마다 동일한 정보를 처음부터 다시 설명해야 하고, 과거의 결정은 맥락 없이 흘러간다. 학습곡선은 매번 제로에서 시작되고, 팀은 같은 문제를 놓고 다시 갈등하고 조율하며 시간을 소모하게 된다. 흔적 없는 회의는, 협업이 자산화될 수 없는 구조를 만든다. 그 결과 정보는 흩어지며, 조직 전체는 점차 '전략적 해석 왜곡'이라는 구조적 리스크에 노출된다. 각 구성원은 자신이 가진 제한된 정보 조각을 바탕으로 자신만의 논리와 판단을 형성하게 되고, 이로 인해 팀 전체 전략은 의도하지 않은 상쇄 효과에 직면한다. 정보의 단절 위에 구축된 개별 해석은 전략적 일관성을 무너뜨리는 주된 원인이 된다.

협업 갈등을 다룬 비대칭 연구에 따르면, 정보의 흐름이 왜곡된 상황에서는 팀 의사결정 속도가 평균 25% 지연되며, 창의적 솔루션 도출 가능성은 절반 이하로 급감하는 것으로 나타났다. 정보가 단절되거나 편향되면, 협업은 조율의 공간이 아니라 오차와 재작업이 반복되는 비효율의 공간으로 전락하게 된다.

이러한 상황에서 해법의 실마리는 정보의 보유 여부가 아니라, '순환 방식'에 있다. 동일한 정보를 갖고 있더라도, 그것이 필요한 사람에게, 필요한 시점에 도달하지 못한다면 협업은 흐름을 잃고 갈등은 누적된다. 반면 정보가 유기적으로 순환되고, 각자의 해석과 전문성이 그 흐름 속에서 연결될 때, 팀은 복잡한 상황에서도 전략적 정렬과 실행의 일관성을 유지할 수 있다.

트랜잭티브 메모리 시스템(TMS)을 갖춘 팀은 '누가 무엇을 알고 있는가'를 명확히 인식을 바탕으로, 구성원 간의 신뢰 속에서 지식을 효과적으로 교환한다. 이러한 구조는 특히 갈등 상황에서 위력을 발휘한다. 실제 병원 조직을 대상으로 한 실증 연구에 따르면, TMS가 구축된 팀은 심리적 안정감을 기반으로 갈등이 발생하더라도 의사결정과 실행에서의 성과 저하를 최소화하며 안정적인 협업을 유지하는 것으로 나타났다.

따라서 ONE TEAM이 협업 체계를 구축할 때 필요한 과제는 다음과 같다.

❖ '싱글 소스 오브 트루스(SSOT)' 구축

모든 정보가 하나의 맥락 안에서 흐를 수 있도록 '싱글 소스 오브 트루스(Single Source of Truth)'를 마련하는 일이다. 노션(Notion), 컨플루언스(Confluence), 구글 워크스페이스(Google Workspace) 등 협업 플랫폼을 활용하여 재무, 법무, 세무, HR, IP 관련 데이터를 일원화하고, 여기에 버전 관리, 접근 권한 설정, 변경 로그 기록을 자동화하는 시스템을 결합하면, 정보는 고립되지 않고 흐르기 시작한다. 이러한 정보 흐름의 통합 구조는 협업의 효율을 높이는 것이 아니라, 팀이 갈등을 억누르지 않고 학습하고 전환할 수 있는 역량을 축적하게 만드는 기반이 된다.

❖ '정보 통역'을 수행할 조율자(Coordinator)

조율자는 용어를 정리하거나 자료를 전달하는 역할이 아니라, 전문가 간 해석적 간극을 전략적으로 번역하고 통합하는 고차원적 기능을 수행해야 한다. 각 분야의 지표와 개념은 고유한 맥락에서 작동하기 때문에, 이를 하나의 의사결정 언어로 재구성하려면 전문영역 간의 인과 관계를 설계할 수 있는 메타인지력이 요구된다.

조율자는 각 전문가가 가진 전문성을 훼손하지 않으면서도, 그것들이 어떻게 연결되고 어떤 전략적 결과로 이어지는지를 그려내는 '전략적 통역자'이자 설계자다. 이 역할이 부재한 협업은 정보가 있어도 통합되지 않고, 전략이 있어도 정렬되지 않는다.

❖ 정보 순환을 위한 정기적 피드백 루프의 제도화

월간 전략 회의는 경과보고가 아니라, KPI·리스크 맵·가설 검증 결과를 주기적으로 갱신하는 '전략적 점검 플랫폼'이 되어야 한다. 이를 통해 전략의 정합성과 실행의 일관성을 지속적으로 확인하고 조정할 수 있는 구조를 만들어야 한다.

특히 협업 과정에서 정보 공백이나 단절이 감지될 경우, 해당 전문 분야에 역임무(Backtask)를 할당하여 누락된 데이터나 해석의 비논리 단계를 보완하게 함으로써, 정보의 단절이 전략적 오차로의 전이를 사전에 차단할 수 있다.

글로벌 가상 팀을 대상으로 한 실증 연구는 문화 지능(CQ, Cultural Intelligence)이 높고 정기적 피드백 루프가 정기적으로 작동하는 팀일수록 정보 단절의 부정적 영향을 유의미하게 완충하며, 오히려 다문화·다기능 협업의 잠재력을 효과적으로 증폭시킨다는 점을 입증했다. 이는 피드백 루프가 운영 도구가 아니라, 정보 흐름을 복원하고 해석의 일관성을 유지하는 '협업의 심장'이라는 점을 명확히 보여 준다.

결국 협업에서의 피드백은 과거를 되짚는 과정이 아니라, 현재의 해석을 점검하고 미래 전략을 조율하는 핵심 메커니즘이다.

협업 계약 단계에서의 책임과 정보 제공 의무 명시

정보의 흐름을 안정적으로 유지하려면 책임 범위와 정보 제공 의무를 협업의 계약 단계에서 명확히 설정해야 한다. 자문과 실행의 구분, 리스크 분담 구조, 정보 공유 주체와 시점 등을 사전에 문서화하면, 특정 전문가에게만 정보가 편중되거나, 핵심 데이터가 누락되는 상황을 효과적으로 차단할 수 있다.

이처럼 계약에 기반한 지식 거버넌스는 정보 관리의 투명성을 높이는 동시에, 협업의 초기 단계에서 자주 발생하는 해석의 왜곡과 오해의 여지를 구조적으로 줄여 준다. 특히 이러한 계약은 기능 간 신뢰를 촉진하는 '심리적 안전장치'로 작동한다는 점에서 그 전략적 의미는 크다. 협업의 출발점에서 상호 기대치와 정보 책임을 명확히 조율할 때, 팀은 짧은 시간 안에 심리적 신뢰 기반을 형성하고 불확실성이 높은 상황에서도 빠르게 대응할 수 있는 집단적 탄력성(Collective Resilience)을 갖추게 된다. 계약은 신뢰의 대체물이 아니라, 신뢰를 가능하게 만드는 설계도여야 한다.

ONE TEAM의 진정한 가치는 '지식의 합계'가 아니라, 그 지식이 유기적으로 흐를 수 있도록 설계된 물리적·디지털 인프라 안에서 비로소 발현된다. 정보가 흐를 때, 지식은 전략적 통찰로 전환되고, 전략은 실행 가능한 행동으로 구체화된다. 반면, 정보가 고립되고 흐름이 단절되면 아무리 뛰어난 전문가들이 모여도 협업은 충돌과 오해로 귀결될 수밖에 없다. 그러나 정보의 흐름이 구조화된 팀에서는 갈등조차도 전략을 다듬고 정교화하는 자원으로 전환된다.

정보는 존재하는 것만으로는 충분하지 않다. 그것이 어떻게 순환하고, 연결되고, 해석되느냐가 협업의 성패를 결정짓는다. 협업의 본질은 '지식의 보유'가 아니라 '지식의 흐름'에 있다. 정보가 끊기는 지점을 정밀하게 포착하고, 그 단절을 지속 가능한 전략적 통로로 재설계하는 일은 협업의 효율을 높이는 것을 넘어선다. 그것은 바로 ONE TEAM이 작동하기 위한 출발점이자, 변화와 위기 속에서도 흔들리지 않는 조직의 회복탄력성(Resilience)을 구축하는 확실한 투자다.

ONE TEAM 내부에서 가장 민감하게 표면화되는 갈등은 '판단의 주도권'과 '업무 경계'가 겹치는 순간에 발생한다. 기능별 전문성이 깊어질수록 자신의 해석이나 제안이 조직의 공식 결정으로 반영되지 않을 때 느끼는 '책임 공백'에 대한 불안은 커질 수밖에 없다. 이 같은 주도권 갈등의 근본 원인은 역할 경계의 모호함에 있다.

예를 들면, 회계와 세무는 동일한 재무 데이터를 활용하지만, 적용 기준과 규제 프레임이 다르기 때문에 관점 충돌이 빈번하게 발생한다. 인사·노무 영역도 마찬가지다. 노동관계법, 세법, 회사법 등이 복합적으로 적용되기 때문에, 한 사안을 두고도 해석의 스펙트럼이 크게 벌어진다. 다학제 연구에서도 확인되었듯, 책임 범위가 명확히 설정되지 않은 상태에서 진행된 프로젝트일수록 이해관계자 간 신뢰가 쉽게 무너지고, 기한 내 인도율도 크게 저하되는 경향을 보인다.

이는 협업의 실패가 커뮤니케이션 부족에서 오는 것이 아니라, 주도권과 경계 설정이라는 구조적 설계 미비에서 비롯된다는 점을 시사한다.

갈등 예방의 핵심은 기존의 기능별 분업 체계를 넘어 '전략적 책임 경계'를 새롭게 정의하는 데 있다.

업무의 접점에서 발생하는 역할 중복을 장벽이 아닌 연결 지점으로 전환하려면 교차 확인 프로토콜을 마련하고, 책임 소재를 가시화하는 RACI Matrix나 DSM(Design Structure Matrix)와 같은 구조적 도구가 필요하다. RACI Matrix는 각 업무에 대해 누가 책임

(Responsible)을 지고, 누가 정보 공유(Informed)의 대상인지를 명확히 시각화한다. 이를 통해 팀원 각자가 어디서 판단을 내리고 어디서 의견을 제시해야 하는지를 분명히 인식할 수 있어, 주도권에 대한 오해와 불필요한 충돌을 근본적으로 줄여 준다.

정보 인프라는 협업 갈등을 완충하는 핵심 장치다. 예를 들어 세무 공제 시뮬레이션, 회계 예산 반영, HR KPI 변화 등의 데이터를 공통 대시보드에 실시간 시각화하면, 각 분야 전문가들은 동일한 데이터를 기반으로 논의를 이어 갈 수 있다. 이렇게 되면 해석의 파편화는 줄어들고, 논의는 정렬된 맥락 안에서 진행된다. 정보는 보유보다 공유의 방식이 핵심이며, 이 흐름을 설계하는 것이 곧 갈등 예방의 첫걸음이다.

이러한 구조에서 중심축 역할을 하는 조율자는 각 전문 분야의 관점과 우려를 동등한 위치에서 번역하고, 이를 바탕으로 경영진의 성장 방향, 재무 안정성, 법적 허용 범위 등 전략적 기준에 부합하는 통합된 해석의 서사를 만들어 낸다.

주도권 갈등과 역할 중복을 효과적으로 관리하는 ONE TEAM은 세 가지 주요 성과를 창출한다.

💠 첫째, 의사결정의 해상도가 비약적으로 향상된다.

기능, 규제, 재무, 인적 요인 등 다양한 관점이 통합적으로 조율되면서, 그동안 간과되기 쉬웠던 전략적 사각지대가 크게 줄어든다.

💠 둘째, 실행의 정확도가 높아진다.

갈등 과정에서 도출된 공동 해석이 행동 프로세스에 내재화되면서 반복되는 실행 오류가 감소하고, 프로젝트의 납기 준수율도 상승한다.

💠 셋째, 조직 회복탄력성(Resilience)이 강화된다.

갈등을 해결하며 축적된 경험이 팀이 예측할 수 없는 외부 충격이나 환경 변화에 직면했을 때, 빠르게 협업 구조를 재정렬하고 적응할 수 있도록 학습 기반으로 작용한다.

이러한 성과는 특히 기술 변화와 규제 변동이 빈번한 온라인 비즈니스 환경에서 결정적인 경쟁우위로 작용한다.

ONE TEAM은 권한을 단절된 성벽처럼 구획하여 고립시키는 체계가 아니다. 오히려 각 전문인력이 자신의 역할 경계 위에서 타인의 해석을 열린 마음으로 수용하고, 동시에 결과에 대해 공동의 책임을 지는 유기적인 연결망에 가깝다. 이 구조는 기능 간 단절이 아닌, 전문성 간 상호 존중과 책임의 연대 위에 세워진다.

여기서 갈등은 주도권 다툼을 벌이는 제로섬 게임이 아니라 최종 성과에 대한 공동 책임을 설계해 가는 과정이다. 이 과정 자체가 협업의 구조를 더욱 견고하게 다듬는 기제로 작동한다. 잘 조직된 ONE TEAM은 갈등을 억제하거나 회피하는 데 그치지 않는다. 오히려 그 갈등의 에너지를 학습 자산으로 전환함으로써, 더 높은 수준의 전략적 합주를 실현하는 원동력으로 삼는다. 이는 협업이 집단지성을 통한 전략의 진화로 이어지는 구조임을 보여 주는 본질적 특성이다.

3. 갈등을 넘어 성과로: 지속 가능한 협업의 조건

협업은 '한번 잘해 보자'라는 의욕만으로 결코 오래 지속되기 어렵다. 시간이 흐를수록 서서히 드러나는 것은 성과의 결핍이 아니라 '신뢰의 공백'이다. 아무리 뛰어난 전문가들이 모였더라도, 신뢰가 무너지는 순간 협업은 그 자체로 흔들리기 시작한다.

ONE TEAM을 살펴보면, 출발은 뜨거운 열정과 결속으로 시작하지만, 몇 달이 지나면 회의 참여율은 떨어지고, 정보 공유는 느슨해지며, '내 의견이 무시당하고 있다'라는 무력감이 누적되다가 결국 팀이 해체되는 상황이 반복된다. 이처럼 협업의 지속성을 위한 구조를 설계하지 않은 채 의욕과 단기성과 지표만을 앞세운 결과는 예외가 아니라 패턴이다.

협업 구조의 핵심 기반은 신뢰의 축적에 있다. 함께 일하고 시간을 보냈다는 사실만으로 신뢰가 쌓이지 않는다. 신뢰는 투명한 정보 공유, 의사결정에의 공동 참여, 그리고 실행과 피드백의 반복적인 경험을 통해서 형성된다. '이 전문가와는 계속 함께할 수 있다'라는 감각이 누적되어야 지속 가능한 협업 체계로 자리 잡을 수 있다. 그러나 현실에서는 초기에 잘 작동하던 전문가팀이 몇 개월도 지나지 않아 해체되거나 내부 갈등으로 무산되는 사례가 비일비재하다. 그 근본 원인은 '신뢰를 시스템적으로 설계하지 않은 협업 구조'에 있다. 협업의 지속성은, 결국 신뢰의 구조화를 통해서만 확보될 수 있다.

초기 창업자의 관점에서는 신뢰 문제가 더욱 절실하게 다가온다. 스타트업은 자금과 인력이 늘 부족하기 때문에, 한 명의 전문가가 여러 역할을 동시에 맡는 일이 다반사다. 자원이 제한된 상황에서 최소한의 인력으로 최대의 성과를 만들어 내기 위해서는 무엇보다 팀 내 신뢰가 단단한 기반이 되어야 한다. CB Insights(스타트업, 벤처투자, 기술 트렌드, M&A, 기업 전략 등을 분석하는 글로벌 시장조사 기관)의 조사에 따르면, 무려 23%의 스타트업이 '팀 문제'를 실패 원인으로 꼽았다. 이 통계는 창업자가 신뢰 구조를 제대로 설계하지 못할 경우, 생존 자체가 위협받는 현실을 여실히 보여 준다. 특히 공동창업 초기에는 역할 분담, 지분 배분, 가치관에 대한 명확한 합의 없이 협업이 시작되는 경우가 많다. 이러한 불확실성은 팀이 빠르게 성장하거나, 업무량이 폭증하는 순간에 "누가 무엇을 했는가?"를 둘러싼 갈등으로 표면화되며, 불신이 점점 커지는 구조로 이어진다.

최근 임상 심리학자들 역시 초기 동업을 고려할 때 반드시 피해야 할 다섯 가지 적신호로 중 두 가지로 '피드백 거부'와 '책임 불명확성'을 강조한다. 이는 신뢰를 충분히 검증하지 않은 채 동업 관계에 뛰어드는 것은 구조적 실패의 시작이 될 수 있음을 경고하는 것이다.

신뢰는 결국 성과보다 '과정의 일관성'에서 형성된다. 아무리 뛰어난 결과를 내더라도, 그 과정이 불투명하거나 예측 불가능하다면 구성원 간의 신뢰는 쉽게 무너진다.

구글의 '프로젝트 아리스토텔레스' 연구 역시 이를 입증했듯이, 심리적 안전감과 자유로운 의견 개진이 보장된 팀일수록 혁신 성과가 현저히 높았다. 반면에 단기성과 중심의 환경에서는 문제가 발생한다. 자신의 기여가 명확하게 인정받지 못한 팀원은 성과 자체를 '불공정의 증거'로 받아들이며 신뢰는 내부에서부터 빠르게 붕괴된다. 특히 초기 스타트업처럼 KPI와 평가 기준이 자주 바뀌는 조직에서는 변화가 누적될수록 구성원들은 방향을 잃고 신뢰의 기반은 점차 고갈된다. 이러한 불안정성을 극복하는 핵심 열쇠는 짧고 빈번한 피드백 루프에 있다. 매주 진행 상황을 투명하게 공유하고, 의사결정의 근거와 판단 과정을 꼼꼼히 문서화해 두면, 정보 비대칭에서 비롯되는 불신을 효과적으로 완화할 수 있다. 피드백은 보고의 기능이 아니라, 신뢰를 재확인하고 정렬을 회복하는 전략적 장치다.

갈등이 '신뢰 적립의 계좌'로 작동하기 위해서는, 무엇보다 '사람과 문제를 분리해 다루는 문화'가 전제되어야 한다. 심리적 안전감이 높은 팀은 의견 충돌이 발생했을 때, 개인을 탓하거나 방어적으로 반응하기보다 사안을 구조적으로 바라보고 해법을 모색하는 태도를 취한다. 문제를 둘러싼 관점이 달라도, 그것이 곧 관계의 훼손으로 이어지지 않도록 만드는 문화적 기반이 존재하는 것이다. 이러한 구조에서는 중립적 조율자가 개입해 데이터·법률·조세·인사 등 서로 다른 전문 언어를 교차 연결하고, 이질적인 해석을 전략적으로 통합하는 기능을 수행한다. 이 과정을 통해 갈등은 조직의 맹점을 드러내는 위협이 아니라, 전략의 허점을 점검하고 보완하는 기회로 전환된다.

결국 '누가 무엇을 아는지'에 대한 집단적 인지 구조, 즉 인지 지도(cognitive map)가 ONE TEAM 협업 구조 안에 전문가를 연결하는 것이 아니라, 지식의 흐름과 책임의 경계를 함께 공유할 수 있는 시스템적 기반이 필요하다.

신뢰를 구조화하기 위한 첫 번째 단계는, '싱글 소스 오브 트루스(SST, Single Source of Truth)'를 구현하는 것이다. 이는 재무, 법무, 세무, HR 등 핵심 정보를 하나의 협업 플랫폼에 통합하고, 여기에 버전 관리와 변경 로그 기록, 접근 권한 설정을 자동화함으로써 실현된다. 이렇게 설계된 SST 환경에서는 회계사와 변호사, 노무사와 세무사가 등 서로 다른 관점을 가진 전문가들이 동일한 데이터셋을 기반으로 토론할 수 있게 되며, 이로 인해 정보 해석의 충돌 가능성을 현저히 낮출 수 있다. 갈등의 많은 원인이 정보의 비대칭이나 시점 차이에서 비롯된다는 점을 감안하면, 정보의 일관성과 동기화는 곧 신뢰 형성의 기반이 된다.

SST는 협업을 '감'이 아닌 '구조'로 운영하는 첫 번째 조건이자, 신뢰를 설계 가능한 자산으로 전환하는 핵심 기반이다.

둘째, 초기 창업자는 '실적 중심 회의'가 아니라 '과정 검증 회의'를 정례화해야 한다. 팀별 OKR 달성 여부를 확인하는 데 그치지 않고, 각 의사결정이 어떤 근거에서 이루어졌는지, 다양한 의견이 어떻게 반영되었는지, 정보 흐름이 어디서 병목을 겪었는지를 함께 점검하는 구조가 필요하다.

McKinsey의 연구 보고서에 따르면, 팀 중심의 변혁을 성공적으로 추진한 기업은 평균적으로 약 30%의 효율성 향상을 이뤄 냈고 그 핵심에는 '반복 가능하고 재현 가능한 프로세스'의 체계적인 정립에 있다. 이는 구조화된 실행 방식이 성과의 지속성과 확장을 가능하게 했다는 것을 보여 주는 근거다. 즉, 과정의 반복성과 일관성을 체계 안에 내장시킴으로써, 구성원은 심리적 안전감을 시스템 안에서 체감할 수 있고, 신뢰는 특정 인물의 역량이 아니라 구조의 일관된 구조 속에서 축적된다. 협업의 지속 가능성은 실적의 합산이 아니라, 검증 가능한 일관된 과정이 축적될 수 있는 구조를 얼마나 잘 설계했는가에 달려 있다.

셋째, 역할과 책임을 RACI 매트릭스로 명문화하고, 업무 경계가 겹치는 지점에는 교차 확인 프로토콜을 배치해야 한다. 이와 같은 구조적 장치는 주도권 갈등이 발생하더라도 논의가 '책임 공백'이나 감정적 충돌로 확산되는 것을 방지한다. 특히 프로젝트가 복잡해질수록 "누가 무엇을 최종 결정을 내리는가?" "누구의 의견을 참고 수준으로 반영해야 하는가?"를 명확히 구분할 수 있는 도구는 협업의 안정성을 확보하는 데 필수적이다.

RACI 매트릭스는 각 업무에 대해 Responsible(수행 책임자), Accountable(최종 책임자), Consulted(의견 제공자), Informed(정보 공유 대상자)를 명확히 구분하여, 결정권과 개입 범위의 혼선을 줄이는 설계 도구다. 이를 통해 불필요한 갈등을 예방하고, 전략적 판단의 정확도를 높일 수 있다.

또한 갈등이 발생했을 경우, 문제를 사람이 아닌 사안 중심으로 환원하고, 중립적 조율자가 각자의 관점을 정리해 대안 선택지를 제시하는 절차가 필수적이다. 이는 갈등을 감정의 충돌이 아닌, 전략적 논의로 승화시키는 전환점이 된다. 이처럼 신뢰 기반의 협업 구조가 명확한 책임 설계와 중재 절차를 통해 구축되면, 갈등은 조직을 분열시키는 위험 요소가 아니라, 전문성 간의 해석을 정교하게 조율할 수 있는 기회로 전환된다.

신뢰는 함께 시간을 보낸다고 해서 쌓이지 않는다. 중요한 것은 시간의 양이 아니라, 그 안에서 어떤 질적 상호작용이 이루어졌느냐다. 전문가를 나열하듯 모은다고 해서 협업의 내구성이 생기지 않는다. 진정한 신뢰는 반복적인 '학습 기반 교류'를 통해서만 축적된다. 서로의 전문 언어를 번역하고, 의사결정의 전 과정을 공동으로 경험하며, 갈등과 조율을 함께 통과하는 구조적 경험이 쌓일 때, 팀은 점차 내부 압력과 외부 위기에도 흔들리지 않는 '지속 가능한 협업 구조'를 형성하게 된다. 이런 신뢰 기반의 구조는 인간적 친밀감에서 비롯되는 것이 아니라, 설계된 상호작용과 구조화된 참여 과정 속에서 형성되는 전략 자산이다.

특히 창업 초기부터 이 구조를 설계해 두면, 인력과 자원이 부족한 상황에서도 장기 프로젝트나 외부 전문가와의 협업을 안정적으로 수행할 수 기반이 마련된다. 또한, 투자자 실사 과정에서도 '인적 리스크' 항목이 낮게 평가되는 실질적 이점으로 이어질 수 있다.

창업자는 조직의 생존 가능성과 외부 신뢰를 동시에 확보하기 위해서는 기술과 시장 분석에만 몰두해서는 안 된다. 지속 가능한 성장을 원한다면, 신뢰 인프라를 전략적으로 구축하는 데도 시간을 투자해야 한다.

신뢰는 위기와 불확실성 속에서도 팀이 무너지지 않도록 버텨 주는, 경량이면서도 고강도의 실행 프레임이다. 이 프레임이 잘 설계되어 있을수록, 협업은 사람의 열정에 의존하는 즉흥적 이벤트가 아니라,

반복 가능하고 축적 가능한 시스템으로 진화한다.

특히 초기 창업자가 신뢰 구조를 선제적으로 설계해 둘 때, 기업의 성장 궤도를 안정적으로 지탱하는 구조적 기반이 되는 것이다. 협업의 지속성은 기술이나 자본이 아닌, 신뢰라는 이름의 구조화된 경험, 사람, 정보, 해석, 책임이 유기적으로 연결되는 시스템에서 비로소 만들어진다.

ONE TEAM의 진짜 경쟁력은 전문성이 아니라, 그 전문성이 신뢰 위에서 작동하도록 만드는 구조에 있다. 그리고 그 구조를 먼저 설계한 조직만이, 불확실한 시장 속에서도 협업의 지속성과 성장의 속도를 동시에 확보할 수 있다.

6장

ONE TEAM 전문가가 되기 위한 제언

(6장)

전문성은 나뉘어도,
전략은 하나다

변화하는 시대는 '혼자 잘하는 전문가'를 원하지 않는다.

지식의 깊이뿐 아니라, 다양한 관점을 연결하고 조율하는 통합적 사고력과 실행 역량을 갖춘 '함께 성장시키는 전문가'를 원한다. 복잡한 문제는 하나의 전문성으로 해결되지 않으며, 해답은 언제나 경계 밖에서 등장한다.

ONE TEAM은 이러한 흐름 속에서 전문가의 정체성과 역할, 그리고 고객과의 관계 방식까지 근본적으로 재정의하는 새로운 경영 패러다임이다. 빠르게 변화하는 기업 환경에서 문제는 회계, 세무, 법률, 인사 중 하나의 영역 안에서 독립적으로 해결되지 않는다. 각 이슈는 서로 긴밀하게 얽혀 있고, 그 복잡성은 단일한 해석만으로 대응할 수 없다. 전략을 함께 설계하고, 실행까지 함께 책임지는 '실질적 파트너'로 진화해야 한다. 전문성은 나뉘지만, 전략은 하나여야 하며, 고객과의 관계는 자문이 아니라 공동 실행의 연대로 변화해야 한다.

1. '혼자 잘하기'에서 '함께 잘하기'로

전문가로서 가장 먼저 갖추어야 할 자질은 '열린 사고'다. 지식의 깊이는 중요하지만, 그 깊이가 벽이 되어서는 안 된다. 각자의 전문영역은 다르지만, ONE TEAM 지향하는 목표는 고객사의 지속 가능한 성장이라는 공통된 목적 아래, 자기 분야의 울타리에 머무르지 않고 그 경계를 넘나들며 전문가 간의 언어를 배우고 논리의 구조를 이해하며, 관점을 연결해야 한다.

협업 마인드셋은 단기에 완성되지 않는다. 하지만 작은 실천을 반복하면, 전문가 개개인의 태도를 바꾸고 팀 전체의 작동 방식을 전환시키는 내면의 구조가 된다. 결국 전문가도, 클라이언트 기업도, 함께 성장하는 새로운 가능성을 경험하게 된다. 지금은 혼자 잘하는 사람만이 주목받는 시대가 아니다. 함께 잘하는 전문가가 실력을 증명하는 시대이며, 그 중심에 'ONE TEAM 마인드셋'이라는 전략적 태도가 있다.

개인의 전문성은 전체 그림 속의 하나의 퍼즐 조각에 불과하다. 전문가라면 누구나 자신의 분야에서 끊임없이 공부하고, 경험을 축적하며, 지식을 정렬해 나간다. 이 과정에서 쌓인 역량은 개인에게는 중요한 자산이자, 상황에 따라 강력한 문제 해결 도구가 되기도 한다. 그러나 실제 기업 현장에서 마주하는 문제들은 단일한 전문성이나 시각만으로는 온전히 해결하기 어렵다. 복잡하게 얽힌 문제들은 다양한 관점이 충돌하고, 그 충돌이 조율되는 과정을 통해서만 실질적 해결과 실행 가능한 전략이 만들어질 수 있다.

기업경영은 수많은 변수가 복합적으로 얽히고, 하나의 결정이 재무, 세무, 노무, 법무 등 여러 분야에 동시다발적으로 영향을 미친다. 표면적으로는 단순해 보이는 의사결정조차 서로 다른 전문영역의 복잡한 논리와 구조가 깊숙이 개입되어 있다. 이 중 하나라도 누락되거나 연결이 끊기면 전체 시스템의 균형이 무너질 수 있다. 따라서 ONE TEAM의 전문가들은 자신의 영역만을 책임지는 자문이 아니라, 조직의 전체 전략 안에서 자신의 전문성이 어떤 역할을 수행하고 있으며, 다른 분야와 어떻게 연결되어 있는지를 끊임없이 인식해야 한다. 그래야만 단편적 자문이 아닌, 전략의 일부로서 실행을 함께 설계하는 실질적 '협업자'로 성장할 수 있다.

'나는 이 분야의 전문가'라는 인식만으로는 충분하지 않다.
퍼즐 한 조각으로는 전체 그림을 완성할 수 없듯, 전문가는 단독으로 완성된 전략이 될 수 없으며, 다른 조각들과 서로 연결되고 맞물릴 때 비로소 의미 있는 결과물로 작동한다.

오늘날 전문가에게 요구되는 핵심 역량은 '깊이'가 아니라 '시야'다. 전문영역에 대한 깊은 지식은 기본이며, 이를 다른 분야와 연결 지어 해석할 수 있는 능력에서 전문성의 차이가 발생한다. 이는 지식의 양이 아니라, 문제를 바라보는 사고의 방식에서 비롯되며, 모든 전문가가 함께 공유해야 할 관점이기도 하다.

따라서 다음과 같은 질문은 '분야 중심 사고'에서 '문제 중심 사고'로 이행하기 위한 훈련이다.

"지금 내가 제안한 이 자문은 타 분야에 어떤 파급 효과를 줄 수 있는가?" "이 전략은 실제로 실행 가능한가? 세법상, 회계 기준상, 노무 규정상 리스크가 없는가?" "내 자문이 조직의 지속 가능성과 리스크 관리까지 고려하고 있는가?"

이런 질문을 스스로에게 던질 수 있을 때, 전문가는 고립된 자문이 아니라, 문제를 함께 풀어 가는 전략 설계자로서 기능하게 된다.

각자의 전문성을 하나의 통합된 전략으로 전환하려는 노력 속에서 협업은 시작된다. 전문가 개인이 가진 해석과 역량이 기업의 전체 맥락 속에서 어떤 기능을 하는지 자각하는 순간, 'ONE TEAM'의 일원이 된다. 이러한 인식의 전환은 전문가 개인에게도 훨씬 더 넓은 기회를 열어 준다. 외부 조력자로 머무르지 않고 기업 전략의 한 축으로 참여하는 장기적 파트너십의 길이 열린다. 이는 계약의 연장이 아니라, 경영진과의 전략적 대화로 연결되는 지속 가능한 신뢰의 회로다.

문제의 '한 조각'을 설명하는 데 그치지 않고, 해답의 '구조'를 함께 설계하는 존재로 거듭나는 것이다.

깊이 있는 전문가로 시야는 더 넓게. 자신의 분야에 정통하되, 그것이 전체를 전략에서 어떤 파장을 만들어 내는지를 통찰할 수 있는 감각. 기업이 진정으로 필요한 전문가는 자기 전문성에 갇히지 않고, 전체를 함께 보는 협업의 마인드셋을 갖춘 사람이다.

협업은 지식의 경쟁이 아니라, 연결의 기술이다.
핵심은 "누가 더 많이 이해하고, 어떻게 조율해 내는가"에 있으며, 다양한 전문성이 충돌하는 지점에 오히려 문제 해결의 실마리가 숨어 있다. 효과적인 협업은 정보 나열이 아니라 시선과 언어의 통합이며, 이를 가능하게 하는 것은 위계적 리더십이 아닌 조율의 리더십이다.
전문가 협업이 실패로 이어지는 이유는 각자가 자신의 전문성에만 몰두한 나머지, 타인의 관점을 받아들이지 못하는 데 있다. 자신의 시야를 기준으로 판단을 고수하면 협업은 순식간에 충돌과 불협화음으로 전락한다. 그러나 서로의 시선에서 의미를 이해하려는 태도로 접근하면, 관점은 달라진다.

각자의 언어로 말하되, 그 속에서 공통분모를 발견하고, 전략의 접점을 설계해 나가는 순간, 협업은 '하나의 목표를 향한 동행'으로 전환된다. 이 과정은 다른 관점을 '다름'으로 인식하는 것이 아니라, 그 다름을 '전체의 조화'를 이루기 위한 요소로 인식할 때, 협업은 힘을 발휘하게 된다. 마치 오케스트라가 서로 다른 악기로 하나의 곡을 연주하듯, 각기 다른 전문가는 저마다의 목소리를 내지만, 공유된 전략이라는 악보를 중심으로 하나의 성과를 완성한다. 서로를 이해하려는 폭, 그리고 그 이해를 전략적으로 연결해 내는 역량이야말로, ONE TEAM의 실질적 성과를 만들어 내는 결정적 힘이다.

조율의 리더십은 질문하는 능력에서 시작된다.
"지금 저 의견의 본질은 무엇일까?" "그 조언이 다른 영역에 어떤 파급 효과를 미칠 수 있을까?" "각 분야가 공동으로 수용할 수 있는 전략적 접점은 어디일까?"
이러한 질문은 전문가 간의 차이를 '생산적인 전환점'으로 전환하기 위한 촉진 장치다. 겉으로는 충돌처럼 보이는 의견 차이도, 질문을 통해 공통된 이해와 실질적인 대안으로 연결될 수 있다. 중요한 것은 자신의 주장을 관철시키는 데 있지 않다. 기업이라는 살아 있는 시스템 안에서, 서로의 관점을 교차시켜 '실행력 있는 해법을 함께 도출해 내는 과정에 있다. 개인의 관점을 고수하는 것이 아니라, '지금 이 기업에 가장 필요한 방향은 무엇인가'라는 중심 질문에 모든 역량을 모으는 것이다.

리더십은 직책에만 부여된 권한이 아니다. 특히 클라이언트가 회의에 직접 참여해 중요한 의사결정을 내려야 하는 상황이라면, 전문가가 제각각의 언어로 서로 다른 해석을 펼치는 순간, 전문가가 해야 할 일은 조율된 해석을 바탕으로, 명확하고 실행 가능한 선택지를 제시하는 것이다. 그것이 협업의 기술이자 전문가로서의 책임이며, 신뢰를 쌓는 가장 실질적인 방식이다.

협업은 동등하게 발언하는 자리가 아니다. 서로 다른 전문성과 시각을 연결해, 하나의 해답을 함께 빚어내는 과정이다.

회의에서 중요한 것은 자신의 의견을 얼마나 강하게 주장했느냐가 아니다. 함께 만들어 낼 수 있는 해법을 얼마나 설득력 있게 제안했는지가 팀워크의 질을 가른다. 이때 비로소 협업은 정보 교환을 넘어 '진짜 팀워크'로 진화한다. 그것은 어떤 기술이나 공식보다도 팀 전체의 역동을 근본적으로 변화시키는 강력한 촉매제다. 그러나 조율은 회의실 안에서만 이루어지지 않는다. 회의가 끝난 뒤, 논의된 내용을 정리해 이메일로 공유하고, 빠진 의견을 다시 질문하며, 다른 전문가의 피드백을 열린 마음으로 수용하며 논의를 재정비하는 과정의 보이지 않는 작은 실천의 반복이 협업의 완성도를 결정짓는다. 정답을 아는 사람이 중심이 되는 문화가 아니라 함께 답을 찾으려는 사람이 중심이 되는 문화다. '공동 전략을 설계하는 동반자'로 변화하는 길, 그 변화는 거창한 선언이 아니라, 협업의 태도를 바꾸는 데서 시작된다.

협업의 마인드셋은 함께 문제를 해결하고 결과까지 책임지는 자세다. 각 분야의 전문가들이 의견만 제시하고 사라지는 구조가 아니다. 그것은 전략 설계, 실행의 전 과정과 그 결과에 이르기까지, 함께 책임지는 실천적 파트너십 모델이다.

기업에서 필요한 자문은 정밀하고 방향성도 명확했지만, 막상 실행 단계에서 예기치 않은 문제가 발생하면, 전문가들은 이미 현장을 떠난 뒤다. 그 결과, 클라이언트는 결국 '모든 책임은 나 혼자 지는 것'이라는 피로와 불신을 떠안게 된다. 반대로, 전문가가 실행 이후 과정까지 관심을 기울이고, 문제 상황을 함께 점검하며, 필요 시 대안을 제안하고 피드백을 주고받는다면, 이야기는 완전히 달라진다. 클라이언트는 그 전문가를 일회성 자문이 아니라 '앞으로도 반드시 함께하고 싶은 동반자'로 인식하게 된다.

'끝까지 책임진다'라는 말은 도의적인 다짐에 그치지 않는다. 오히려 전문가에게도 분명한 전략적 이점을 가져다준다. 우선, 자문 이후에도 실행 흐름에 관여함으로써 클라이언트와의 관계를 일회성 자문에서 장기적 파트너십으로 전환시킬 수 있다. 또한, 실행 과정에서의 다양한 피드백은 자문 내용의 현장 정합성을 점검하고 보완할 수 있는 기회를 제공한다. 이 실천은 곧 전문가 자신의 컨설팅 역량을 정교화하고, 유사 프로젝트에 적용 가능한 실질적 경험 자산으로 축적된다. 무엇보다 이러한 책임감 있는 태도는 전문가의 브랜드 신뢰도를 높이고 클라이언트로부터의 재의뢰와 추천을 통해 새로운 기회의 연결 고리를 만들어 낸다.

책임지는 태도는 '이 전문가가 끝까지 함께 간다'라는 확신을 심어 준다. 클라이언트의 인식 속에서 전문가를 외부 자문이 아닌 'ONE TEAM'의 일부로 전환시킨다. 이러한 태도는 위기 상황에서 더욱 선명하게 나타난다. 예상치 못한 세무조사, 법률분쟁, 제도 변경 등 돌발 상황이 발생했을 때, 초기 자문 단계의 전문가가 신속하게 해결 방안을 함께 모색한다면, 클라이언트는 전문가를 서비스 제공자가 아니라 '내 편'으로 받아들인다. 그리고 협업은 '계약'이 아닌 '관계'로 전환한다.

협업의 본질은 결국 책임의 공유에 있다. 전문가가 "여기까지가 제 역할입니다"라며 자문만 하고 물러서는 순간, ONE TEAM은 더 이상 팀이 아니다. 반면 검토하고 현장의 반응을 함께 검토하고 실행 이후에도 제안하며, 끝까지 관여할 때 그 팀은 조직처럼 유기적으로 작동하기 시작한다. 이제 우리는 '자문'이라는 역할에 머물러서는 안 된다. 전략을 함께 설계하고, 실행하며, 그 결과를 끝까지 함께 책임지는 파트너가 되어야 한다. 그리고 바로 그런 태도를 가진 사람에게 '신뢰'라는 단어가 따라붙는다.

지금 이 시대가 요구하는 전문가란, 해답을 제시하는 사람이 아니라, 과정을 함께 설계하고, 시행착오를 공유하며, 마지막까지 책임지는 동반자이다. 그리고 협업 마인드셋의 전환은 전문가 개인에게는 깊은 전문성의 확장을, 조직에게는 탄탄한 실행력을 가져다주는 구조적 성장의 출발점이 된다.

혼자 잘하기보다, 함께 잘하기. 이 선택이 주는 힘은 분명하다. 서로 다른 전문성을 이해하고 연결하는 과정을 통해 복잡한 문제를 효과적으로 해결할 수 있다. 그리고 그 과정에서 클라이언트에게도 진정한

가치를 제공할 수 있다. 물론, 이 여정은 쉽지 않다. 협업은 어느 날 갑자기 완성되는 능력이 아니다. 그러나 실천이 반복될 때 우리는 '각자의 전문가'가 아닌, 'ONE TEAM'의 일원으로서 새로운 미래를 함께 설계하고 열어 갈 수 있다. 이것이 전문가에게 요구되는 변화이며, 우리가 걸어가야 할 길이다.

2. 개인 전문성의 확장: ONE TEAM 안에서 성장

창업자가 ONE TEAM을 구성해 협업을 의뢰할 때 얻게 되는 보상은 '여러 전문가가 모여 문제를 해결해 준다'라는 편의성이 아니다.

진정한 가치는 여러 분야의 전문가들이 한 테이블에 모여 서로 다른 관점을 조율하고 충돌시키는 그 과정에 있다. 그 속에서 전문가들은 자신의 의견을 내는 데 그치지 않고, 타인의 언어를 이해하고, 자신의 틀을 확장하며, 스스로를 갱신해 간다. 그리고 그렇게 축적된 변화는 기업 전략의 정밀도와 실행력을 끌어올리는 강력한 시너지로 작용한다.

팀 내 신뢰와 성과의 관계를 살펴보면, 단기적인 결과보다 관계의 품질이 오히려 장기적인 퍼포먼스를 예측하는 데 핵심적인 요소임을 알 수 있다. 이런 맥락에서 ONE TEAM은 문제 해결 집단이 아니라, 전문가 개인의 성장과 조직 전략의 정교함과 함께 진화하는 살아 있는 시스템이다.

 기업의 관점에서 보면, 이런 학습 기반의 협업 구조 속에서 전문가들이 겪는 내면의 변화는 곧 조직 전체의 경영 효율성과 전략 실행력의 향상으로 이어진다. 전문가가 자신의 전문영역에 머무르지 않고 타 분야의 언어와 관점을 수용하며 사고 체계 안에 통합하는 순간, 그들이 제공하는 자문은 조직을 움직이는 실행 전략으로 진화하게 된다.

 예를 들면 다음과 같다.

- 경영지도사는 세무사의 공제 시뮬레이션, 회계사의 현금 흐름 데이터를 실시간으로 해석하고 이를 전체 비즈니스 파이프라인과 결합하는 '전사 실행 설계자'로 성장한다.
- 세무사는 절세방안에 국한되지 않는다. 주식 구조, 스톡옵션, 특허 박스 제도까지 연계해 조세 효율을 넘어선 자본 조달 전략 전반을 설계할 수 있는 역량을 갖추게 된다.
- 회계사는 ESG 리포트와 통합된 재무 스토리라인을 구축함으로써, 투자자 실사 과정에서도 신뢰를 높이고 기업가치를 전략적으로 설득할 수 있다.
- 노무사는 근로시간 데이터와 인건비 정보를 통합 분석하여 조직 몰입도를 수치화하고, 인건비를 지출이 아닌 전략적 투자 항목으로 재정의함으로써 조직 운영까지 함께 설계하는 역할로의 확장을 의미한다.

- 변호사는 규정 문구 하나가 해외 진출, 지분 구조, 계약 체결 전체에 어떤 영향을 미치는지를 설계 차원에서 설명할 수 있는 '규제 내재형' 컴플라이언스 디자이너로 거듭난다.
- 변리사는 특허·상표의 권리화 단계를 넘어서 기술 가치 평가와 라이선스 담보금 구조 설계를 통해 무형자산을 실질적인 현금 흐름으로 전환하는 전략가로 진화한다.
- CFP는 창업자 개인·법인·임원의 자산 흐름을 통합적으로 설계하여, 패밀리오피스 관점에서 장기 자금 전략을 수립하는 파트너로 진입한다. 이러한 역할의 확장은 전문가 개인에게도 기하급수적인 성장과 기회를 동반한 새로운 경력 곡선을 만들어 준다.

다양한 시각과 경험이 융합되는 크로스펑셔널 팀워크(Cross-Functional Teamwork)는 창의적이고 실질적인 해결책을 도출하는 데 결정적인 힘을 발휘한다. 이러한 협업을 통해 전문가들은 문제 해결 역량은 물론, 의사소통의 민감성과 전략적 언어 구사 능력까지 함께 확장시킬 수 있다.

창업자는 이처럼 진화하는 전문가들의 성장 궤적을 실시간으로 활용할 수 있다. 초기에 회의 테이블에 모인 전문가들의 자문은 각기 다른 언어와 논리를 담고 있어 혼란스럽지만, 시간이 흐르고, 전문가들 간의 해석과 조율이 반복되면 하나의 흐름으로 연결되기 시작한다. 처음에는 분절되어 있던 의견들이 하나의 전략적 내러티브, 곧 '기업 성장 시나리오'라는 통합된 언어로 정돈된다. 각자의 관점에서 출발한 논의가 점차 하나의 전략 방향으로 수렴되며, 실행 가능한 통합 전략으로 변모하는 것이다. 이러한 변화는 커뮤니케이션의 향상이 아니라, 전문가들이 자신의 전문 프레임을 넘어 타 분야의 맥락을 이해하고, 그것을 기업의 현실에 맞게 재조정하는 역량을 키워 가고 있다는 신호다. 창업자는 이 과정에서 의사결정의 속도를 비약적으로 끌어올릴 수 있으며, 실행 과정에서 겪을 수 있는 마찰과 혼선을 최소화할 수 있다. 복잡한 문제들이 하나의 '실행 구조'로 통합되면서, 민첩성과 지속 가능성을 동시에 확보할 수 있는 경영의 기반의 토대가 된다.

ONE TEAM의 협업 구조가 창업자에게 정보 단절로 인한 리스크를 줄이고, 각 분야 전문가 자문을 종합하는 데 소모되던 시간을 획기적으로 단축할 수 있다. 전문가들이 자신의 시야를 넘어서 서로의 관점을 이해하고 해석하며, 전략을 함께 설계하는 이 협업 구조는 창업자에게 위기를 견디고 미래를 설계할 수 있는 실질적 기반이 된다.
전문가 개인에게도 협업의 장을 넘어, 전문성의 깊이뿐 아니라 직업적 방향성과 기회를 가속화하는 커리어 모멘텀(Career Momentum)을 만들어 낸다.

　반복되는 피드백과 분야 간 충돌을 조율하는 과정 속에서, 전문가의 커뮤니케이션 방식은 점차 변화한다. 처음에는 자신에게 익숙한 전문 용어와 논리로만 설명하던 태도에서 벗어나, CEO, 실무 관리자, 투자자 등 다양한 이해관계자들이 이해하고 판단을 내릴 수 있도록 돕는 '경영 언어'로의 전환이 일어난다. 또한, 문제를 진단하고 지적하는 '분석 중심'에 머물렀다면, 그 흐름을 조율해 나가는 '실천 중심'의 태도로 전환된다.

　이와 같은 변화는 자문 이후 기업 현장에서 실질적인 성과를 이끌어 내는 실행력으로 연결된다. 그리고 이 실행력은 전문가로서의 신뢰도를 빠르게 축적하는 핵심 요소가 된다.

협업을 통해 시야를 넓히고 언어를 전환하며, 실행을 중심에 둔 사고로 진화한 전문가일수록, 시장에서 지속 가능한 신뢰와 기회를 확보하는 데 유리하다는 것이다.

ONE TEAM은 전문가가 다음 단계로 도약할 수 있도록 돕는 전략적 성장의 통로다. 이 구조 속에서 전문가는 '혼자 잘하는 사람'이 아니라, '함께 일하고 싶은 사람'으로 진화하게 된다. 협업은 일의 방식이 아니라, 전문가가 자신의 역할을 다시 정의하고, 그 가치를 확장해 가는 촉매제가 되는 것이다.

전문가의 성장이 가속화될수록 기업은 더욱 정밀한 전략적 판단과 변화 대응의 민첩성이라는 자산을 얻게 된다. 이 구조 안에서 전문가들은 한 조직처럼 호흡하며 문제를 통합적으로 이해하고 해결해 가는 실행 설계자이자 전략가로 역할이 확장된다. 그리고 기업은 전문가 협업 구조를 통해 지속 가능한 경영 역량을 내부에 내재화할 수 있게 된다. 자문을 받는 데 그치지 않고, 변화하는 시장 환경 속에서 전략을 함께 설계하고 실행해 나가는 동반자 관계가 형성되는 것이다.

3. 전략 파트너십: 기업과 전문가의 동반 성장

전문가들의 오해 중 하나는, 뛰어난 전문 지식만으로 기업가의 신뢰를 얻을 수 있다고 믿는 점이다. 그러나 실제 현장에서 기업가가 진정으로 신뢰하는 것은 '지식' 자체가 아니라, 그 지식을 다루는 태도와 일관된 행동이다. 신뢰는 전문성에서 시작되지만, 그것이 지속되는 힘은 '끊임없이 문제와 함께 머무르는 자세', 그리고 책임 있게 소통하고 조율하는 태도에서 비롯된다.

전문가가 기업가의 '전략 파트너'로 인식되기 위해서는 무엇보다 기업이 처한 상황과 맥락을 깊이 이해하려는 태도가 필수적이다. 리스크를 지적하는 데 그치지 않고 해결책을 모색하며, 결과가 나올 때까지 일관되게 소통하는 전문가에게 신뢰를 가진다. 결국, 전문가와 대표 사이의 신뢰는 지식의 깊이보다 태도의 일관성에서 시작되고, 말보다 행동으로 쌓이는 것이다. 전문가가 갖추어야 할 가장 실질적인 경쟁력은, 문제 앞에서 떠나지 않는 자세다.

창업자는 문제 그 자체보다 그 문제를 둘러싼 배경과 맥락을 함께 이해해 주는 사람을 원한다. "이건 안 됩니다."라는 부정보다 "지금과 같은 상황에서는 이런 대안이 가능합니다."라는 전문적인 해석 위에 공감과 책임이 더해질 때, 전문가와 창업자 사이에 '전략적 파트너십'이 형성되기 시작한다. 그 순간부터 전문가의 존재는 경영을 함께 고민하는 동반자가 된다. 또한, 전문가가 인지하는 리스크는 창업자에게는 현실과 거리가 있어 보이거나 막연하게 느껴질 수 있다. 이 간극을 좁히는 것이 전문가의 커뮤니케이션 능력이다. 문제를 지적하는 것이 아니라, 기업의 자원과 상황을 고려한 실행 가능한 대안을 함께 설계할 수 있을 때, 진정한 신뢰가 형성된다.

ONE TEAM은 함께 실행 계획을 구체화하고, 진행 상황을 꾸준히 점검하며, 변화에 따라 후속 조정까지 함께 고민하는 지속적 협력의 과정이다. 전문가의 역할은 '이렇게 하십시오'가 아니라, '함께 해봅시다'라고 손 내미는 순간부터 시작된다. 기업가는 이러한 실행 관여를 통해 깊은 신뢰를 갖게 된다.

신뢰는 말이나 논리만으로 만들어지지 않는다. 그것은 함께 경험하고 반복적으로 확인되는 행동에서 만들어지는 것이다. 작은 질문에도 귀 기울이고, 실천을 뒷받침하며, 결과까지 함께 책임지려는 태도로 신뢰가 축적될 때, 전문가와 기업 사이에는 흔들리지 않는 전략적 파트너십이 형성된다.

창업자와 전문가 사이에 형성되는 신뢰는 끊임없는 대화와 행동, 그리고 그로 인한 결과들이 축적될 때, 비로소 탄탄한 신뢰의 토대가 마련된다. 전문가가 신뢰를 일회성 관계가 아닌, 자신이 관리하고 축적해야 할 장기 자산으로 인식하는 순간부터, 그 신뢰는 협업의 가장 강력한 기반으로 작동하기 시작한다.

현장에는 수많은 전문가가 있지만, 모두가 ONE TEAM의 진정한 파트너가 될 수 있는 것은 아니다. 협업의 본질은 지식의 양이나 자격이 아니라, '함께 일할 수 있는 사람인가'에 대한 신뢰에서 출발한다. 창업자가 파트너로 느끼는 전문가는 탁월한 실력보다 '협업 감각'과 '조율하는 태도'를 갖춘 전문가다. 전문가가 쌓아야 할 경쟁력은 기술보다 관계, 조언보다 실행, 독립성보다 통합성이다. 함께 신뢰를 구축해 가는 태도가 뿌리내려야, 지속 가능한 파트너십이라는 열매가 자란다.

협업 파트너란 자문만 하고 기다리는 사람이 아니라, 함께 문제를 마주하고 도전을 감당하며, 성장의 길을 함께 걸어가는 전문가다. 창업가와 전문가, 그리고 전문가 상호 간의 관계는 처음부터 완벽한 조화를 이루지 않는다. 불협화음은 필연적이며, 그 안에서 서로를 알아가고 맞춰가는 과정이 필요하다. 작은 성공을 함께 축하하고, 때로는 솔직한 피드백으로 충돌을 겪으며, 그 시간을 함께 버텨낸 사람들이라야 진정한 '파트너'로 거듭날 수 있다. 그것은 어느 날 갑자기 찾아오는 결과가 아니라, 정기적인 대화와 반복된 협업, 그리고 축적된 경험 속에서 쌓이는 신뢰의 산물이다.

ONE TEAM의 출발점은 '좋은 사람'을 알아볼 수 있는 안목에서 시작된다. 기업이 ONE TEAM과 같이하고자 할 때, 가장 먼저 던지는 질문은 "누가 최고의 전문가인가?"가 아니다. "누가 함께 전략을 설계하고, 실행의 길을 끝까지 함께할 수 있는가?"이다. 전문성은 기본, 협업의 감각은 필수적, 실행에 대한 책임감은 전제이며, 이 모든 것 위에 쌓이는 것이 바로 '신뢰'다. 신뢰는 하루아침에 만들어지는 것이 아니다. 오랜 시간에 걸친 태도와 실천, 조율과 존중의 과정 속에서 형성된다. 좋은 파트너는 '발굴의 대상'이 아니라 '함께 성장하며 만들어 가는 동반자'다. 신뢰란 어느 한쪽의 노력만으로는 협력 관계를 구축할 수 없다. 서로의 관점과 속도를 이해하고, 전략을 공동으로 설계하며, 실행까지 함께하는 전 과정을 통해 '전략공동체'로 진화하게 된다.

또한, 오늘날 전문가의 역할은 과거와 근본적으로 달라지고 있다. 정보는 넘쳐 나고, 반복적 자문과 계산 업무는 AI가 빠르게 대체하고 있다. 이러한 시대에 전문가가 가져야 할 경쟁력은 '맥락을 해석하고 전략을 설계할 수 있는 힘'이다. 즉, 전문가는 '정답을 알고 있는 사람'에서 '기업과 함께 전략을 설계하는 동반자'로 근본적으로 전환되고 있다. 이러한 변화의 흐름 속에서 ONE TEAM은 전문가가 자신의 브랜드와 커리어를 새롭게 확장해 나갈 수 있는 미래 전략이자 시대가 요구하는 지식 진화의 통로가 된다.

ONE TEAM의 구조 안에서 전문가는 다양한 관점과 역량을 연결하고 함께 책임지는 협업을 통해 이루어진다.

- 전문성의 경계를 넓히는 기회: 혼자 일할 때는 자신의 전문 분야에 갇히기 쉽지만, 다양한 분야의 문제를 접하면서 새로운 역할과 영역을

발견하게 된다. 이 과정은 전문가로서의 시야를 수직이 아닌 수평으로 확장시키는 기반이 된다.

- 언어 통합과 커뮤니케이션 스킬 향상: 전문가들은 전문용어를 넘어서는 설득력 있는 표현 방식과 전략적 설명력을 익히게 되며, CEO나 현장 실무자에게도 '이해되는 자문'을 할 수 있는 실전형 커뮤니케이터로 성장한다.

- 개인 브랜드를 넘는 '팀 브랜드' 형성: 전문가의 정체성은 '개별 자문가'가 아니라, '전략 문제 해결팀의 일원'으로 재정의된다. 시장과 고객은 전문가 개인을 넘어 팀 전체에 신뢰를 부여하고, 이는 곧 브랜드 가치의 확장으로 이어진다.

- 지속 가능한 수익 모델 확보: 단발성 자문에서 벗어나 중장기 프로젝트 중심의 협업에 참여함으로써, 전문가들은 지속적이고 예측 가능한 수익 구조를 설계할 수 있다. 동시에, 고객과의 관계도 깊어지며 신뢰 기반의 재계약과 소개가 이어지는 순환 구조를 만들어 낸다.

- '실행 중심 전문가'로의 진화: 자문에서 끝나는 것이 아니라, 실제 현장의 실행과 변화에 동참하며 실력을 증명한다. 이 과정을 통해 전문가 자신도 이론이 아닌 성과로 입증된 문제 해결자로 자리매김하게 되고, 이는 자신의 커리어 설계와 장기적 삶의 안정성까지 이어진다.

관점과 역량을 연결하고 함께 책임지는 협업을 통해, 기업과 전문가가 미래를 공동 설계하는 전략적 동반자 관계의 시작점이 마련된다.

4. 협업 파트너를 찾는 법

창업 초기에는 모든 의사결정을 창업자가 홀로 감당해야 한다는 압박이 크지만, 실제 현장은 이와는 다른 메시지를 던진다. 다양한 실증 연구들은 "신뢰 기반의 팀 구성"이 창업 성과에 긍정적 영향을 미친다고 강조한다. 특히, 복잡하고 다차원적인 의사결정일수록 다양한 전문성이 조화를 이루는 교차 기능 협업(Cross-Functional Collaboration)이 더 우수한 성과를 이끌어낸다는 사실은 수치로 입증된 사실이다.

이러한 효과는 시장 변화 속도가 빠른 온라인 기반 사업에서 더욱 극대화된다. 예를 들면, 온라인 쇼핑몰은 매 분기마다 기업이나 조직이 웹사이트나 온라인 콘텐츠를 검색 엔진에 최적화(SEO, Search Engine Optimization)하기 위해 수립한 전략과 지침의 집합인 SEO 정책, 광고 알고리즘, 물류 시스템 등이 바뀌며, 그 변화는 곧 매출과 직결된다. 이처럼 빠르고 복잡한 변수들에 창업자는 모든 영역을 혼자 감당하기란 불가능하다. 따라서, 회계, 세무, 노무, 지식재산권 등 분야별 전문가는 외주 인력이 아니라, 반복적인 시행착오를 줄이고 전략적 선택의 질을 높여 주는 핵심 자원이다.

창업자에게 중요한 것은 '내 사업을 이해하고, 함께 설계할 수 있는 파트너'를 적시에 만나는 일이다. '나만의 협업 파트너'를 찾는다는 것은 외부 전문가를 고용하는 것이 아니라, 나의 성장 곡선에 함께할 사람을 선택하는 전략적 결정이다.

많은 이들이 협업 파트너를 선택할 때 학력이나 자격증을 확인하지만, 실제로 중요한 것은 '전략적 보완성'과 '가치관의 일치'다. 실력 있는 전문가도 중요하지만, 내 비즈니스에 부족한 부분을 메워 줄 수 있는 역량, 일에 대한 책임감, 투명성에 대한 관점을 조율할 수 있는 태도가 중요하다.

단기성과에만 집중하지 않고 장기적인 파트너십을 기대한다면, 역량뿐만 아니라 철학과 태도가 중요하다. 특히 협업은 기술이 아닌 사람과의 관계로 이루어지기 때문에, 전문가 선택 과정에서 신뢰할 수 있는 검증 절차가 필수적이다.

이를 위해서는 공식 협회나 업계 네트워크를 통해 인증된 전문가를 조사하고, 관심 인물의 이전 프로젝트 이력과 협업 방식을 확인하는 것이 바람직하다. 가능하다면 이전 고객에게 레퍼런스 인터뷰를 요청해, 실제 협업 과정에서의 소통 능력, 책임감, 문제 대응력 등을 교차 검증해야 한다. 이러한 탐색 과정을 거친다면, 사업의 전략적 동반자가 될 수 있는 전문가를 만날 가능성이 높아진다.

시장 속도가 빠르고 변수가 많은 산업에서는 재고 회전율의 작은 오차만으로도 물류비가 급등하거나, 배송 지연이 반복되면 고객 불만이 빠르게 확산된다. 특히 e-커머스 업계에서는 멀티채널 풀필먼트의 복잡성과 소비자의 높아진 기대치로 인해, 초기부터 외부 전문가와 협업하는 것이 리스크를 줄이는 핵심 전략으로 꼽힌다.

이처럼 실시간 데이터가 누적되고, 의사결정 속도가 곧 실적에 연결되는 업종일수록 협업 체계의 가시화와 정보의 통합 관리가 중요하다. 매출 추이, 재고 회전율, 마케팅 성과, 세무 일정 등 핵심 지표를 클라우드 기반 협업 툴에 집약해 관리하면, 전문가와 실무자가 각자의 위치에서도 동일한 정보를 실시간 공유하며 빠르고 정밀하게 대응할 수 있다. 이는 전략 실행의 정확도와 속도를 높이는 핵심 기반이 된다.

또한, 월간 또는 분기 단위의 정례 전략 리뷰 미팅을 통해 변화에 민감하게 대응하는 구조를 마련해야 한다. 실제 성과를 좌우하는 것은 완벽한 계획이 아니라 민첩한 피드백 루틴이다. 갤럽 보고서에 따르면, 주 1회 이상 의미 있는 피드백을 받은 직원은 몰입도가 5배 이상 높았고, 실질적 성과도 뛰어났다는 조사 결과가 있다. 창업자와 전문가가 주기적으로 KPI를 점검하고, 예기치 못한 변수나 리스크에 함께 대응하는 구조는 협업을 실시간으로 작동하는 운영의 안전망으로 전환시킨다. 이는 곧 기업의 복잡성을 줄이고, 전략적 민첩성을 강화하는 핵심 동력이 된다.

협업 파트너십은 일회성 계약으로 고정되는 정적 구조가 아니라, 시장의 흐름과 기술 변화에 맞춰 지속적으로 조정되고 확장되는 동적 자산이어야 한다. 트렌드와 소비자의 기대가 빠르게 바뀌는 산업일수록 이 같은 유연한 협업 체계가 기업의 생존과 성장의 결정적인 역할을 한다. 소셜커머스, 라이브커머스, 해외직구 플랫폼 등 새로운 유통 채널이 빠르게 등장하는 환경에서 전문가 집단이 정기적으로 전략을 점검하고 실행 방향을 조율해 주는 ONE TEAM 체계는 창업자에게 '전략적 여유'를 제공한다.

예를 들어, 회계사는 신규 채널 진출 시 수익 구조의 변화를 분석하고, 세무사는 글로벌 판매에 따른 과세 이슈를 선제적으로 정리한다. 마케팅 전문가는 채널별 고객 특성에 따라 캠페인을 실시간으로 최적화하고, 노무사와 변리사는 인력 운용의 유연성과 브랜드 자산 보호를 고려한 전략을 함께 설계한다. 이러한 상시 협업하는 구조에서는 창업자가 모든 변화에 일일이 대응할 필요 없이, 핵심 제품과 고객 경험에 집중할 수 있는 경영 환경이 마련된다.

협업 파트너십은 '성장의 두뇌를 팀으로 갖춘다'라는 전략적 결정이다. 각 분야의 지식과 경험이 축적된 팀이 함께할 때, 기업은 기술 변화와 시장 충격에도 흔들림 없이 다음 단계를 설계하고 실행할 수 있는 내구성을 갖게 된다.

협업은 관계의 지속을 기반으로 실행의 누적하고, 전략을 함께 진화시키는 플랫폼이 된다. 창업자가 선택한 '나만의 협업 파트너'는 법적 리스크, 수익성 저하, 인력 운영의 불균형 같은 사각지대를 대신 지켜주는 신뢰 기반의 방어선이자, 시장의 기회를 실현하는 성장의 가속장치다. 전문가와 지속 가능한 협업 구조를 갖춘 창업자는, 전략 수립과 실행의 부담을 분산시키고, 보다 넓은 시야로 비즈니스의 본질에 집중할 수 있다.

창업자가 먼저 협업의 감각을 갖추고, 서로의 역할과 성장을 함께 설계하려는 태도를 가질 때 파트너는 외부 전문가가 아닌 공동 설계자가 된다. 바로 그 순간, 창업자는 혼자가 아닌 '함께하는 경영자'로 도약하게 되며 이는 전략을 실행으로 전환하는 지속 가능한 경영의 출발점이 된다.

5. 전문가를 위한 '미래 전략' ONE TEAM

ONE TEAM의 협업은 전문 서비스 시장의 구조적 한계를 돌파하는 전략적 혁신의 출발점이다. 급변하는 경영 환경에서 개별 전문가의 역량만으로는 해결이 어려운 복합적 과제들이 늘어나는 현실 속에서, 팀 기반 협업은 대응 방식이 아니라 지속 가능한 성장의 조건이 되고 있다.

다양한 전문영역의 데이터를 하나의 의사결정 인터페이스로 통합하면, 고객은 각 전문가에게 반복해서 설명할 필요 없이 단 한 번의 흐름으로 해결책을 얻게 된다. 동시에 각 전문가는 다른 전문가의 시야를 접하며 반복 학습을 경험하고, 그 과정에서 단일 분야를 넘어서는 고부가가치 통찰을 체화하게 된다. 이 구조는 여러 전문가가 모였다는 사실에 의미가 있는 것이 아니라, 하나의 전략적 목표 아래에서 서로의 전문성을 교차시켜 시너지를 발현하는 방식에 있다.

경영지도사: 분절된 전문성을 통합하는 실행의 중심축

경영지도사는 회계사가 수집한 K-IFRS 기반의 재무 데이터 레이크, 세무사가 설계한 세율 시뮬레이션, 노무사가 분석한 조직 역량 지표 등 각기 다른 전문 데이터를 하나의 실행 프레임워크로 통합하여 실시간으로 연결한다.

이 통합 구조는 OKR(Objectives and Key Results)과 BSC(Balanced Scorecard)를 연계해 폐쇄형 실행 루프를 완성하고 전사적 전략 실행의 정합성과 민첩성을 동시에 확보한다. 경영지도사는 크로스펑셔널 협업을 실질적으로 구동시키는 엔진이자, 기업의 복잡한 과제를 실행 가능한 구조로 전환시키는 중심축이 된다.

세무사: 복잡한 세제 환경을 해석하는 전략 항법사

세무사는 글로벌 미니멈 세제와 BEPS 2.0 등 급변하는 국제 조세 환경 속에서, 복잡한 조세 구조를 전략적으로 해석하고 설계하는 'Tax Technology Architect'로 진화하고 있다.

회계사가 제공한 ABC(Activity-Based Costing) 원가 데이터를 기반으로, 변호사가 설계한 조인트벤처 계약의 조세 리스크를 판별하고, 변리사가 구축한 특허 라이선스 구조에서 세액공제 기회를 식별하는 등 각 전문영역의 정보를 통합해 조세 전략의 정밀도를 높인다.

이러한 설계기반 접근은, 현금흐름 안정화와 자본 효율성 제고로 이어지며, 세무사는 전략과 리스크의 경계를 넘나들며 글로벌 경영의 항해 지도를 그리는 설계자로서 실질적인 경영 성과를 이끌어낸다.

회계사: 통합 의사결정 인프라의 설계자

회계사는 ESG 공시 의무화와 통합 공시 체계의 확산 속에서, 재무 정보와 지속 가능성 정보를 결합하는 '전략형 감사'의 핵심 주체로 진화하고 있다. ISSB와 ESRS의 글로벌 도입에 따라, ESG 데이터와 재무 데이터를 실시간으로 연결하고 기업 전략에 통합하는 역할이 요구되며, 이는 회계사가 정보 검토자가 아닌 '기업 전략의 공동 설계자'로 확장되는 결정적 계기가 되고 있다. 이러한 변화는 Global CFO Agenda에서 ESG와 데이터 전략이 핵심 의제로 부상한 흐름과도 맞물린다.

ESG 이슈로 인한 리스크 프리미엄을 기업의 재무 모델에 수치화해 반영함으로써, 비재무적 변수까지 포괄하는 전략적 인사이트를 제공하며, 실행 가능한 의사결정 인프라를 구축하는 전략 파트너다.

🔷 노무사: HR Analytics 시대, 조직의 리스크를 설계

　노무사는 HR Analytics와 직원 경험(EX, Employee Experience) 데이터를 기반으로 한 '전략적 인사 설계사'로 진화하고 있다. 근로시간, 이직률, 조직 몰입도와 같은 정량 지표는 물론, 직원 만족도 조사나 내부 커뮤니케이션 피드백과 같은 정성 데이터를 통합 분석함으로써, 조직의 인적 리스크를 실시간으로 모니터링하고 시각화할 수 있는 People Risk Dashboard를 구축한다. 이를 통해 조직은 인사 문제를 사후 대응이 아닌, 사전 예측과 예방 중심으로 관리할 수 있게 된다.

　이러한 분석 기반 접근은 인건비를 비용이 아닌 전략적 투자로 인식하게 한다. 노무사는 인적 경쟁력을 기반으로 기업의 미래를 설계하는 '사람 기반 전략가'로서의 위상을 확보해 나간다.

🔷 변호사: 규제의 언어로 혁신을 설계하는 법률 디자이너

　디지털 기술과 규제 환경이 급변하는 시대, 변호사의 역할은 분쟁 대응을 넘어 '사전 설계'로 이동하고 있다. 데이터 프라이버시, AI 윤리, 스마트 계약 등 기술 기반 리스크에 선제적으로 대응하기 위해, 'Legal Designer'로 진화하고 있다. 이는 법률 해석의 영역을 넘어, 디자인 사고(Design Thinking)를 기반으로 사용자 중심의 명확한 규제 설계를 수행하는 역할로, 기존의 법률 서비스를 뛰어넘는 새로운 전문성을 요구한다. 실제로 영국의 ABS(Alternative Business Structure) 도입과 글로벌 회계법인의 법률 시장 진입은 복합 서비스에 기반한 융합형 법률 전문가 수요가 급증하고 있음을 보여 준다.

이러한 흐름 속에서 변호사는 계약 검토와 소송 대응이라는 고정된 역할에서 벗어나, 회계사의 재무 설계, 세무사의 납세 전략, 변리사의 IP 포트폴리오까지 통합적으로 이해하고 연결하는 융합형 설계자로 진화하고 있다. 가장 중요한 변화는 'Compliance-by-Design', 즉 규제 준수를 설계 초기 단계에 통합함으로써, 투자자의 실사 단계에서 리스크를 최소화하고 거래 성사율을 높일 수 있다는 점이다. 이러한 전략적 역할 속에서 변호사는 규제 설계자이자 기업 혁신의 촉진자로 서게 된다.

변리사: 전략을 설계하는 IP 아키텍트

지식재산이 기업 경쟁력의 핵심 자산으로 부상하면서, 변리사의 역할은 특허 출원이나 분쟁 대응을 넘어, 무형자산의 전략적 활용과 가치 극대화로 확장되고 있다. 기술·상표·저작권 등 기업이 보유한 무형자산을 통합 관리하며, 이를 통해 실질적인 재무 성과와 시장 경쟁력을 창출하는 '무형자산 전략가(Intangible Asset Strategist)'로서 기능한다.

변리사는 세무, 회계, 법률 데이터와 지식재산이 만나는 교차점에서 전략을 설계하는 아키텍트로 진화하고 있다. 소프트웨어 저작권의 공정가치 평가처럼, 지식재산을 회계 시스템과 연계하여 기업가치 평가,

투자 유치, 담보 대출 등의 금융 전략 자산으로 활용할 수 있도록 구체화하는 것이 대표적이다. 이처럼 변리사는 무형자산을 기반으로 기업의 재무구조와 시장전략을 설계하는 실질적 가치 창출의 중심축이 되어 가고 있다.

국제공인재무설계사(CFP): 360도 자산 전략의 설계자

국제공인재무설계사(CFP)는 기업 대표 개인의 전 생애에 걸친 재무·비재무적 자산을 통합적으로 설계하는 'Holistic Wealth Architectt(통합 자산 설계자)'로 진화하고 있다.

특히 CFP는 투자, 세무, 부동산, 상속 등 다양한 재무 요소를 유기적으로 연결해 '360도 자산 전략(360-Degree Wealth Strategy)'을 구현한다. 재무 자산뿐 아니라 가치관, 가족 내 역할, 커뮤니케이션 등 비재무적 요소까지 통합 관리하여, '재무 인프라의 설계자'로 기능한다. 미국에서는 회계사(CPA)와 CFP의 협업을 통해 고객 충성도와 생애가치(Lifetime Value)가 동시에 상승한 사례들이 보고되고 있으며, 이는 통합 재무 전략이 전문가와 고객 모두에게 지속 가능한 가치를 창출한다는 것을 나타낸다.

ONE TEAM의 협업 구조는 전문 지식서비스 산업의 패러다임 전환을 이끄는 전략적 분기점이다. 복잡한 문제를 해결하기 위해 각각의 전문가를 찾아 전전할 필요 없이 하나의 통합된 인터페이스 안에서 진단과 실행을 동시에 경험할 수 있는 구조를 제공한다. 이는 기업이 직면한 다양한 리스크와 기회를 통합적으로 조율할 수 있는 실행 기반을 마련해 주며, 전문가 중심의 자문 구조에서 전략 중심의 실행 구조로의 전환을 의미한다.

전문가에게도 본인의 영역에 머무르는 것이 아니라, 직역을 넘어선 통찰과 실행력을 확보하며 새로운 비즈니스 기회를 창출할 수 있는 구조적 환경을 제공한다. 이 과정은 개별 전문가의 역량을 고도화할 뿐 아니라, 협업을 통해 실질적 전략 파트너로서의 입지를 확장하는 계기가 된다. ONE TEAM은 전문지식서비스 산업의 공급자와 수요자 모두에게 새로운 성장의 프레임을 제시한다.

ONE TEAM 구조의 핵심은 '지식, 데이터, 프로세스'가 실시간으로 연결되는 학습형 협업 플랫폼이다. 반복적 피드백을 통해 학습과 실행이 순환되는 구조적 생태계를 형성하며, 전무가 개개인의 역량이 고립되지 않고 유기적으로 연결되어 전략적 방향성 아래 함께 성장한다. 이러한 환경에서 크로스셀링(Cross-Selling)과 업셀링(Up-Selling) 같은 가치 확장 전략이 별도의 영업 활동 없이도 자연스럽게 발생하며, 이는 전문가의 수익 모델뿐 아니라 조직 전체의 지속 가능한 비즈니스 모델을 견고히 하는 기반이 된다. 전문가 조합이 아닌, 전문성이 전략으로 통합되고, 실행력을 중심으로 진화하는 성장 플랫폼이다. 협업을 통해 더 빠르게 실행하고, 더 깊이 통찰하며, 더 크게 확장된 성과를 만들어 낼 수 있다. 이처럼 연결된 지식과 전략의 힘은 앞으로의 전문 지식서비스 시장에서 경쟁우위를 결정짓는 핵심 역량이 될 것이다.

전문가의 역할은 '문제를 해결해 주는 자문자'에 머물지 않는다. 이제는 '함께 문제를 정의하고 전략을 설계하는 동반자'로 진화하고 있다. 각기 다른 전문성이 연결되어 만들어 내는 통합적 실행력, 그리고 서로의 관점과 속도를 존중하며 쌓아 올린 신뢰는, 불확실한 시대를 돌파하는 기업의 핵심 동력이 된다. ONE TEAM은 이러한 실행력을 뒷받침하는 전략적 협업 플랫폼이자, 전문가와 기업이 함께 성장하는 지속 가능한 경영 공동체다. 결국, 이 구조를 어떻게 설계하고 운영하느냐가 기업의 미래를 결정짓는 중요한 분기점이 될 것이다.

책을 마치며

> 개인의 역량을 넘어서,
> 공동의 비전으로 확장되는 길

《ONE TEAM 경영》을 통해, 기업과 전문가가 어떻게 하나의 전략 아래에서 함께 호흡하고, 복잡한 문제들을 통합적으로 해결해 나갈 수 있는지 그 구조와 가능성을 살펴보았습니다. 이 책은 경영 방법론을 설명하고자 한 것이 아닙니다.

"혼자 잘하는 전문가"에서 "함께 성장시키는 파트너"로,

"단절된 자문"에서 "통합된 실행"으로,

"단기성과 중심 경영"에서 "지속 가능한 성장 생태계"로,

나아가는 전환점을 제시하고자 했습니다.

전문가 개개인의 역량이 모였을 때 어떤 시너지가 발생하는지, 그리고 그 시너지가 어떻게 기업의 전략 실행력으로 전환되는지를 구체적으로 살펴보았습니다. 혼자 일할 때는 보이지 않던 관점이 팀 안에서는 명확해지고, 흩어졌던 정보가 구조 안에서 유기적으로 연결되며 강력한 실행 기반이 됩니다.

이제 전문가의 역할은 단일 분야의 자문에 그치지 않습니다. 각자의 전문성이 하나의 전략 안에서 통합될 때, 전문가 자신도 새로운 성장 기회를 얻게 됩니다. ONE TEAM은 전문가가 직역의 경계를 넘어 전략 설계자, 실행 동반자로 진화할 수 있는 플랫폼입니다. 그 변화는 새로운 비즈니스 모델의 창출로 이어집니다.

신뢰는 말이 아니라 실행 속에서 쌓입니다. 각자의 위치에서 꾸준히 연결되고, 공동의 목표를 향해 나아가는 과정 속에서 파트너십은 견고해집니다. 결국 ONE TEAM의 핵심은 전문성이 아니라, 일관된 태도와 상호 존중의 문화입니다. 그 문화가 있을 때, 전략은 현실이 되고, 기업은 위기를 기회로 전환할 수 있습니다.

이 책은 경영자와 창업자들에게도 분명한 메시지를 전합니다. 혼자 모든 것을 해결하려는 부담을 내려놓고, 나의 관점과 맞는 협업 파트너를 찾는 것이 진짜 전략입니다. '비즈니스의 빈틈을 채워 줄 수 있는 전문가', 그리고 '함께 성장할 수 있는 태도'를 가진 전문가를 만나는 것이 기업 성장을 위한 시작점입니다.

ONE TEAM은 전문가들의 집합이 아닌 전략과 실행, 사람과 데이터, 의사결정과 피드백이 실시간으로 연결되는 하나의 유기체입니다. 그 안에서 전문가들은 서로의 언어를 이해하고, 다른 분야를 존중하며, 공동의 목표를 위해 전략을 함께 설계합니다. 이 연결이 바로 오늘날 지식 기반 경제에서 경쟁력을 결정짓는 가장 중요한 요소입니다.

개인에서 공동체로, 실행에서 지속 가능성으로 '혼자의 시대'에서 '함께하는 시대'로 나아가는 길입니다. ONE TEAM은 전문가와 기업이 협업하는 것이 아니라, 함께 문제를 정의하고 해법을 설계하며 실행까지 책임지는 전략공동체입니다. 각자의 역량이 하나의 비전으로 모일 때, 어떤 위기 속에서도 흔들리지 않는 지속 가능한 성장을 이룰 수 있습니다.

ONE TEAM 경영은 고객의 비즈니스 전체 맥락을 깊이 이해하고, 각 전문가가 퍼즐 조각처럼 유기적으로 연결되어 하나의 전략으로 설계되고 실행되는 구조입니다.

이 책이, 혼자 모든 결정을 짊어진 채 고립된 길을 걷는 경영자와 창업자에게는 방향을 제시하는 나침반이 되고, 전문가에게는 축적된 지식을 실행 가능한 구조로 전환해 나아가는 실천 안내서가 되기를 바랍니다.

지금 이 시대는 혼자의 속도보다, 함께할 수 있는 구조를 가진 사람이 더 멀리 갈 수 있는 시대입니다. ONE TEAM 경영은 그 구조를 현실로 만드는 새로운 가능성이며, 전략적 협업을 통해 기업과 전문가가 함께 성장할 수 있는 길을 제시합니다.